财务信息分析与处理

主　编　袁伟东
副主编　张　燕　徐慧亮　孙　燕

东南大学出版社
·南京·

内 容 摘 要

本教材是以高等院校财务管理、会计学等专业"财务信息分析与处理"课程教学实验使用为基本目的而编写的。

本书共分 17 章,分别为 Excel 在会计凭证、会计账簿、财务报告、日常费用统计、工资管理中的应用,财务预测,财务预算和财务计划,筹资决策,投资决策,日常管理,利用 VBA 建立财务模型,供给与需求,消费者理论,生产者理论,成本理论,厂商理论与垄断市场结构,凯恩斯理论模型,最后列出了实验指导书。

本书从财务管理、会计学专业学生的基础和需求出发,比较系统、全面地阐述了利用 Excel 分析与处理财务信息的基本理论和基本知识,注重实际操作性,兼顾理论性和实践性。本书还编写了 7 个实验,每个实验环环相扣,又能够独立运行,适应不同层次的教学需要。

图书在版编目(CIP)数据

财务信息分析与处理 / 袁伟东主编. —南京:东南大学出版社,2013.7(2021.2重印)
 ISBN 978-7-5641-4402-9

Ⅰ.①财… Ⅱ.①袁… Ⅲ.①财务管理 Ⅳ.①F275

中国版本图书馆 CIP 数据核字(2013)第 160411 号

财务信息分析与处理

出版发行:	东南大学出版社
社　　址:	南京市四牌楼 2 号　邮编:210096
出 版 人:	江建中
责任编辑:	史建农
网　　址:	http://www.seupress.com
电子邮箱:	press@seupress.com
经　　销:	全国各地新华书店
印　　刷:	广东虎彩云印刷有限公司
开　　本:	700mm×1000mm　1/16
印　　张:	9.75
字　　数:	200 千字
版　　次:	2013 年 7 月第 1 版
印　　次:	2021 年 2 月第 5 次印刷
书　　号:	ISBN 978-7-5641-4402-9
定　　价:	26.00 元

本社图书若有印装质量问题,请直接与营销部联系。电话:025 - 83791830

前　言

《财务信息分析与处理》是为高等院校财务管理、会计学等专业学生编写的教材,也可供高等院校工商管理、经济学、市场营销专业的学生、教师以及财务管理、会计从业工作者参考。

本书从财务管理、会计学专业学生的基础和需求出发,比较系统、全面地阐述了利用 Excel 分析与处理财务信息的基本理论和基本知识,注重实际操作性,兼顾理论性和实践性,科学性和可读性,提供了丰富准确的内容。在本书的编写过程中,我们力求文字准确,叙述简洁,资料丰富,通俗易懂;阐述的方式尽可能灵活多样。

本书共分 17 章,分别为 Excel 在会计凭证、会计账簿、财务报告、日常费用统计、工资管理中的应用,财务预测,财务预算和财务计划,筹资决策,投资决策,日常管理,利用 VBA 建立财务模型,供给与需求,消费者理论,生产者理论,成本理论,厂商理论与垄断市场结构,凯恩斯理论模型。最后列出了实验指导书,并且配备一定数量的操作图表。使用本书的教师可根据教学计划的课时要求和学生的实际情况,在教学时对内容作适当的取舍。

衷心感谢东南大学出版社对本教材编写工作的大力支持,三江学院等单位对本教材的编写工作也给予了大力支持,张燕、徐慧亮、孙燕及其他编审人员参加了本书初稿的审阅工作,为提高本书的质量付出了辛勤的劳动,从而使本书顺利出版,在此表示真诚的感谢。

在编写过程中,编写人员参阅了本书所列参考文献,在此,编者对原作者表示衷心的感谢。由于时间仓促且编者水平有限,书中错误和不妥之处希望广大读者批评指正。

主　编

2013 年 5 月

目 录

第1章 Excel在会计凭证中的应用 ………………………………… 1
1.1 会计凭证概述 …………………………………………………… 1
1.2 记账凭证的填制 ………………………………………………… 2

第2章 Excel在会计账簿中的应用 ………………………………… 4
2.1 会计账簿概述 …………………………………………………… 4
2.2 会计账簿的登记 ………………………………………………… 5

第3章 Excel在财务报告中的应用 ………………………………… 8
3.1 财务报告概述 …………………………………………………… 8
3.2 会计报表的编制 ………………………………………………… 9
3.3 会计报表的分析 ………………………………………………… 16

第4章 Excel在日常费用统计中的应用 …………………………… 19
4.1 日常费用记录表 ………………………………………………… 19
4.2 利用数据透视表进行统计 ……………………………………… 19
4.3 利用分类汇总统计日常费用 …………………………………… 20

第5章 Excel在工资管理中的应用 ………………………………… 22
5.1 工资表的建立 …………………………………………………… 22
5.2 工资表的模板 …………………………………………………… 23
5.3 工资数据的统计 ………………………………………………… 23

第6章 财务预测 ……………………………………………………… 24
6.1 财务预测概述 …………………………………………………… 24
6.2 销售预测 ………………………………………………………… 25
6.3 利润预测 ………………………………………………………… 27

6.4	成本预测与资金需要量预测	28

第7章 财务预算和财务计划 ... 30

7.1	财务预算	30
7.2	财务计划模型	34

第8章 筹资决策 ... 37

8.1	筹资决策概述	37
8.2	长期借款筹资分析模型	42
8.3	租赁筹资模型设计	44
8.4	租赁筹资与借款筹资方案比较分析模型设计	46

第9章 投资决策 ... 48

9.1	投资决策方法	48
9.2	投资决策模型	51
9.3	投资风险分析模型	53

第10章 日常管理 ... 56

10.1	固定资产管理	56
10.2	流动资产管理	60
10.3	销售管理	66
10.4	成本管理	68
10.5	利润管理	72

第11章 利用VBA建立财务模型 ... 77

11.1	创建财务模型	77
11.2	利用VBA建立财务模型	78

第12章 供给与需求 ... 84

12.1	供给与需求概述	84
12.2	供需模型	85
12.3	供需模型的延伸	86

12.4	雷达理论	87

第13章 消费者理论 ... 88
13.1 消费者理论概述 ... 88
13.2 创建模型 ... 88

第14章 生产者理论 ... 92
14.1 生产者理论概述 ... 92
14.2 一种产品与一种可变生产要素的生产关系 ... 92
14.3 生产者均衡 ... 94
14.4 模型延伸 ... 96

第15章 成本理论 ... 97
15.1 成本理论概述 ... 97
15.2 创建模型 ... 98

第16章 厂商理论与垄断市场结构 ... 100
16.1 完全竞争厂商理论概述 ... 100
16.2 完全竞争的市场结构 ... 101
16.3 垄断厂商理论概念 ... 101

第17章 凯恩斯理论模型 ... 104
17.1 民间消费与储蓄模式 ... 104
17.2 均衡收入 ... 107
17.3 简单凯恩斯模型的延伸 ... 108
17.4 修正凯恩斯模型——$IS-LM$分析法 ... 110

附录 实验指导书 ... 114
练习1 ... 114
练习2 ... 119
练习3 ... 121
练习4 ... 124

练习 5 …………………………………………………………… 128
练习 6 …………………………………………………………… 132
练习 7 …………………………………………………………… 135
主要参考文献 ……………………………………………………… 147

第 1 章　Excel 在会计凭证中的应用

本章学习目标

本章主要讲解会计凭证的相关知识以及如何利用 Excel 填制会计凭证。通过本章的学习，读者应掌握以下内容：

会计凭证的概念、意义、种类和格式。
记账凭证模板的设计和修改方法。
记账凭证的填制方法。

1.1　会计凭证概述

1.1.1　会计凭证的意义

会计凭证是记录经济业务、明确经济责任的书面证明，是登记账簿的重要依据。正确地填制和审核会计凭证是会计核算工作的一项重要内容，是反映和监督经济活动不可缺少的专门方法。它的作用体现在：

（1）填制会计凭证，可以及时、正确地反映各项经济业务的完成情况。
（2）审核会计凭证，可以发挥会计的监督作用。
（3）通过会计凭证的填制和审核，可以分清经济责任，强化经济责任制。

此外，会计凭证记录的内容还是一种反映经济情况的可靠的档案资料，通过填制和审核会计凭证就为企业、行政、事业等单位准备了一套如实记录经济活动情况的档案资料，以供日后的查阅、分析和利用。

1.1.2　会计凭证的种类

会计凭证是多种多样的，但按其填制的程序和用途可以划分为原始凭证和记账凭证两类。

（1）原始凭证

原始凭证是在经济业务发生或完成时，由经办人员取得或填制的，用以记录、证明经济业务的发生或完成情况的会计凭证，是具有法律效力的原始书面证据，是编制记账凭证的依据，是会计核算的原始资料。

原始凭证按其取得的来源不同,可分为自制原始凭证和外来原始凭证。

原始凭证按其填制手续次数的不同,可分为一次原始凭证和累计原始凭证。

原始凭证按其填制经济业务数量的多少,可分为单项原始凭证和汇总原始凭证。

(2) 记账凭证

记账凭证是指会计人员根据审核无误的原始凭证及有关资料,按照经济业务事项的内容和性质加以归类,并确定会计分录,作为登记会计账簿依据的会计凭证。记账凭证的基本内容一般包括以下几个方面:

① 记账凭证名称及填制记账凭证单位名称。

② 凭证的填制日期和编号。

③ 经济业务的摘要。

④ 会计分录。

⑤ 记账标记。

⑥ 附件张数。

⑦ 有关人员签章。

记账凭证通常按其反映的经济业务内容是否与货币资金有关,分为收款凭证、付款凭证和转账凭证。

记账凭证按其填制方式的不同可以分为单式记账凭证和复式记账凭证。在实际工作中,有些单位业务简单,不分收款业务、付款业务和转账业务,统一使用一种记账凭证,这种凭证称为通用记账凭证。利用会计软件或办公软件实现会计电算化后,由于软件具有较好的查询功能,所以,在实际工作中一般采用通用记账凭证格式。

1.2 记账凭证的填制

1.2.1 记账凭证的填制程序

记账凭证是根据审核无误的原始凭证或原始凭证汇总表填制的,其填制程序是:首先,审核原始凭证的真实性、合法性、正确性和完整性;其次,根据原始凭证或原始凭证汇总表中所记录的经济业务内容,按照会计制度的规定,运用复式记账原理,确定应借、应贷的会计科目和金额;再次,按照记账凭证的内容、格式及填制方法,填制记账凭证;最后,将填制好的记账凭证交由审核人员进行审核,审核通过后作为登记账簿的依据。

1.2.2 记账凭证模板的设置

Excel 的模板是一个含有特定内容和格式的工作簿,用户可以将常用的文本、数据公式以及格式、规则等事先设置好加以保存,在需要时调用该模板,以方便数据的输入,确保数据的一致性。因此,模板在会计中被广泛应用于制作记账凭证、单据、会计报表等方面。记账凭证模板的创建方法如下:

(1) 启动 Excel,打开一个新工作簿。

(2) 在"文件"菜单中选择"另存为"命令,在"另存为"对话框中的"文件名"处输入"记账凭证模板",单击"保存类型"框右边的下拉箭头,并从弹出的下拉列表中选择"模板"类型,此时"保存位置"框自动切换到"Templates"文件夹,最后单击"保存"按钮,这样所设置的记账凭证模板就被保存在默认的 C:\Windows\Application Data\Microsoft\Templates 文件夹中。

生成后的模板格式可以进行修改,但特别要注意确保打开的是模板文件本身,而不是复件。为了防止模板中有些单元格的内容(如文本、公式等)、格式被破坏,可利用 Excel 的保护功能。

1.2.3 记账凭证的填制

由于事先设置好了记账凭证的模板,当要填制记账凭证时,单击"文件"菜单中的"新建"命令,弹出"新建"对话框,从中选取"记账凭证模板"。

根据业务所需填制记账凭证的多少复制工作表。

按业务发生的情况输入凭证的内容。

所有记账凭证填制完成后,单击工具栏中的"保存"按钮。

第 2 章　Excel 在会计账簿中的应用

本章学习目标

本章主要讲解会计账簿的相关知识以及如何利用 Excel 设置和登记会计账簿。通过本章的学习,读者应掌握以下内容:

会计账簿的概念、意义、种类和格式。

明细账的格式设置和登记方法。

总账的格式设置和登记方法。

2.1　会计账簿概述

2.1.1　会计账簿的意义

会计账簿是全面记录和反映一个单位经济业务,把大量分散的数据或资料进行归类整理,逐步加工成有用会计信息的簿籍,它是编制会计报表的重要依据。它是由具有一定格式、相互连接的账页所组成。账页一旦标上会计科目,它就成为用来记录和反映该科目所规定核算内容的账户。

根据会计法的规定,各单位都要按照会计制度的要求设置会计科目和会计账簿。通过设置和登记会计账簿:

(1) 能够把大量的、分散的会计核算资料系统化,为加强经济核算提供资料。

(2) 可以为正确计算成本、经营成果和收益分配等提供必要的会计核算资料。

(3) 利用会计账簿所提供的核算资料,既可以为编制会计报表提供主要的依据,也可以为会计分析和会计检查提供必要的依据。

(4) 既有利于会计核算资料的保存和利用,也有利于会计核算工作的分工。

2.1.2　会计账簿的种类

会计账簿的种类多种多样,如总账、明细账、日记账和其他辅助性账簿。为了便于了解和使用各种会计账簿,可以按照不同的标志对其进行分类。

1. 会计账簿按用途的分类

会计账簿按其用途,可以分为序时账簿、分类账簿和备查(辅助)账簿。

2. 会计账簿按外表形式的分类

会计账簿按其外表形式，可以分为订本式账簿、活页式账簿和卡片式账簿。

3. 会计账簿按格式的分类

会计账簿按其格式可分为三栏式账簿、多栏式账簿和数量金额式账簿。

2.2 会计账簿的登记

2.2.1 明细账的格式和登记

1. 明细账的格式

明细账是按照明细分类账户开设的，连续、分类登记某一类经济业务，提供详细核算资料的账簿。它能够具体、详细地反映经济活动情况，对总分类账起辅助和补充作用，同时也为会计报表的编制提供必要的明细资料。

明细账的格式有三栏式、多栏式、数量金额式等，但最基本的格式是有"借方"、"贷方"、"余额"三栏的三栏式。

2. 数据库

为了生成明细账，需要了解 Excel 的数据库知识。数据库是一种有组织、动态地存储有密切联系的数据的集合。一个数据库就是一个数据清单，它将反映客观事物的大量信息进行记录、分类、整理等定量化、规范化的处理，并以记录为单位存储于数据库中。数据清单是包含相关数据的一系列工作表数据行，例如发货单数据库，或一组客户名称和联系电话。数据清单可以像数据库一样使用，其中行表示记录，列表示字段，相当于一个二维表的栏目。

在 Excel 中，将数据清单用作数据库是指不必经过专门的操作而将数据清单变成数据库，在执行一些数据库的操作过程中，如查询、排序、汇总等，Excel 能自动将数据清单视为数据库，即数据清单中的列对应于数据库中的字段，数据清单中的列标题对应于数据库中的字段名称，数据清单中的行对应于数据库中的一个记录。

为了将数据清单用作数据库，在设置数据清单和输入数据时必须遵循一定规则，这些规则包括：

（1）数据清单的字段名占一行，且必须是第一行（不一定是工作表中的第一行）。

（2）每个字段的名称必须唯一。

（3）每一列必须有相同的数据类型和格式，且每一列必须相邻。

（4）每条记录占一行，且必须连续，中间不能有空行。

(5)每个单元格输入的数据前面不能有空格。

(6)如果工作表内除数据清单外还有其他数据,则数据清单和其他数据之间必须有至少一行或一列的空白单元格。

(7)避免在一个工作表上建立多个数据清单。

3. 数据库的生成

利用数据库生成明细账的基本思路是:首先设置数据库的结构,其次将所录入的记账凭证内容通过一定的方法输入到数据库中,最后对数据库中的数据进行筛选,生成明细账。

设置数据库结构的方法是将记账凭证中的所有项目填写到工作表中,且数据库中的字段名与记账凭证中的项目名一致。

将记账凭证的内容输入到"记账凭证数据库"的方法有多种,如利用宏命令等,最常用的方法是在录入记账凭证的同时打开"记账凭证数据库",在该数据库中将记账凭证的所有数据填写到工作表里。

要生成一个明细账,应先设置一个明细账的格式。

生成"应付账款明细账"的步骤如下:

(1)设置条件区域。

(2)设置筛选结果输出的字段。

(3)选择数据区域。

(4)执行"高级筛选"命令。

(5)复制筛选结果。

(6)粘贴筛选结果。

(7)设置余额计算公式。

(8)设置余额方向。

(9)计算本期发生额和期末余额。

2.2.2 总账的格式和登记

总账的格式均采用"借、贷、余"三栏式,它的登记既可根据记账凭证逐笔登记,也可通过汇总的方式,定期或分次汇总登记。在 Excel 中,既可利用记账凭证数据库登记,也可利用汇总明细账的方式进行登记。

1. 记账凭证数据库生成法

(1)打开事先已经设置好基本格式的"银行存款总账",输入期初余额及方向。

(2)设置筛选结果输出的字段。

(3)单击数据清单中的任何一个单元格。

(4) 执行高级筛选命令。
(5) 复制和粘贴筛选结果。
(6) 设置余额计算公式和方向。
(7) 设置本期发生额和期末余额。

2. 明细账汇总法
(1) 设置"应付账款总账"的基本格式。
(2) 打开"应付账款明细账"工作簿。
(3) 汇总各明细账的月结,形成总分类账的本月发生额。

第 3 章 Excel 在财务报告中的应用

本章学习目标

本章主要讲解财务报告的相关知识以及如何利用 Excel 编制财务报告和进行财务报告的分析。通过本章的学习，读者应掌握以下内容：

财务报告的概念、内容、编制目的和要求。

会计报表的格式、编制原理、模板设置和生成方法。

财务报告的分析方法、模板设置和有关分析表的生成方法。

3.1 财务报告概述

3.1.1 财务报告的意义

财务报告是综合反映企业某一特定时期的财务状况，以及某一特定时期的经营成果和现金流量情况的书面文件，它是企业将日常的会计核算资料进行归集、加工和汇总后形成的最终会计核算成果。

编制财务报告的主要目的就是为财务报告使用人，如投资者、债权人、政府及相关机构、企业管理人员、职工和社会公众等，进行决策提供有用的会计信息。

3.1.2 财务报告的内容

财务报告主要包括会计报表和会计报表附注等。会计报表是财务报告的主要组成部分，它以报表的形式向财务报告使用人提供财务信息。会计报表附注主要包括两个方面：一是对会计报表要素的补充说明；二是会计报表中无法描述，而又需要说明的其他财务信息。另外，财务报告还包括管理当局对企业财务状况的说明。

按照我国有关法律和制度的规定，企业的会计报表主要由资产负债表、利润表、现金流量表和各种附表等组成。这些会计报表之间是相互联系的，它们从不同的角度说明企业的财务状况、经营成果和现金流量情况。资产负债表主要反映企业的财务状况；利润表主要提供企业的经营业绩；现金流量表反映企业现金和现金等价物的来源、运用以及增减变动的原因等。因此，资产负债表、利润表、现金流量表是企业的基本会计报表,通过对这些会计报表的阅读、分析,可以为会计报表的使用者提供主要的财务信息。

会计报表附表是对会计报表正式项目以外的经济内容进行补充说明的报表。附表的组成由各行业会计制度规定,工业企业需要编报的会计报表附表有利润分配表和主营业务收支明细表等,商品流通企业需要编报的会计报表附表有利润分配表和商品销售利润明细表等。一般来说,会计报表附表均在年末编报。

会计报表附注是为便于会计报表使用者理解会计报表的内容而对会计报表的编制基础、编制依据、编制原则和方法等所作的解释,其主要内容包括所采用的主要会计处理方法;会计处理方法的变更情况、变更原因以及对财务状况和经营成果的影响;非常项目的说明;会计报表中有关重要项目的明细资料;其他有助于理解和分析报表而需要说明的会计事项。会计报表附注是会计报表正式项目以外的补充资料,它们通常列示在会计报表的下端。

财务情况说明书是为会计报表使用者更全面、透彻地了解会计主体的财务状况和经营成果,在编制会计报表的同时编写的对会计报表进行补充说明的书面文字,主要说明企业的生产经营情况、利润的实现和分配情况、资金的增减变动和周转情况、税金的缴纳情况、各项财产物资的变动情况;对本期或下期财务状况发生重大影响的事项;资产负债表日后至会计报表报出前发生的对企业财务状况变动有重大影响的事项及需要说明的其他事项等。

3.1.3 财务报告的编制要求

(1) 数字要真实。

(2) 计算要准确。

(3) 内容要完整。

(4) 编报及时。

(5) 指标要一致。

(6) 便于理解。

3.2 会计报表的编制

3.2.1 会计报表的编制方法

1. 资产负债表的编制方法

资产负债表是反映企业某一特定日期财务状况的会计报表,属于静态报表。它根据资产、负债和所有者权益之间的相互关系,按照一定的分类标准和一定的顺序，把企业一定日期的资产、负债和所有者权益各项目予以适当排列，并对日常工作中形成的大量数据进行高度浓缩整理后编制而成的。资产负债表表明企业在某一特定日期所拥有或控制的经济资源、所承担的现有义务和所有者对净资产的要求权。

资产负债表中的"年初数"栏各项目数字应根据上年末资产负债表"期末数"栏内所列的数字填列。如果本年度资产负债表规定的各个项目的名称和内容与上年度不一致，应对上年年末资产负债表各项目的名称和数字按照本年度的规定进行调整，并填入报表中的"年初数"栏内。资产负债表的"期末数"栏内各项目主要根据有关科目的记录编制。

在 Excel 中，为了方便编制和生成资产负债表，需要设置一个科目余额表和资产负债表模板。其方法是：打开 Excel，新建一个工作簿，将第一张工作表建成科目余额表的格式。同时，打开各总分类账所在的工作簿，并通过工作簿之间的来回切换设置科目余额表各科目和各栏目的取数公式；也可在本模板制作阶段不设取数公式，只设会计科目和栏目名，待编制科目余额表时直接输入有关数据。

设置好格式后，将 Sheet1 工作表名改为"科目余额表"。为防止公式被破坏，可对输入的公式加以保护。

设置好科目余额表后，进入"Sheet2"工作表，设置资产负债表格式。

将科目余额表和各种财务报告的格式和取数公式设置好，并进行保护。

2. 利润表的编制方法

利润表是反映企业在一定期间生产经营成果的会计报表。该表把一定期间的营业收入与其同一期间相关的营业费用进行配比，以计算出企业一定时期的净利润(或净亏损)。通过利润表能够反映企业生产经营的收益和成本耗费情况，表明企业的生产经营成果，同时通过利润表提供的不同时期的比较数字，可以分析企业今后利润的发展趋势和获利能力，了解投资者投入资本的完整性。

利润表中的"本月数"栏反映各项目的本月实际发生数，在编制中期报告时，填列上年同期累计实际发生数，并将"本月数"栏改成"上年数"栏；在编制年度财务报告时，填列上年全年累计实际发生数，并将"本月数"栏改成"上年数"栏。如果上年度利润表项目的名称和内容与本年度利润表不一致，应对上年度报表项目的名称和数字按本年度的规定进行调整，填入报表的"上年数"栏。报表中的"本年累计数"栏各项目反映自年初起至本月末止的累计实际发生数。

3.2.2 会计报表的生成

有了科目余额和财务报告模板就可以较为方便地生成会计报表。方法是：

(1) 单击"文件"菜单中的"新建"命令,弹出"新建"对话框,从中选择"会计报表模板",再单击"确定"按钮,并选择"科目余额表"工作表。

(2) 在"科目余额表"工作表中输入单位名称、年、月、日,以及有关科目的期初余额、借方发生额、贷方发生额和期末余额。

(3) 接着单击"资产负债表"工作表,输入单位名称、年、月、日,自动得到当期的资产负债表。

(4) 单击"利润表"工作表,输入单位名称、年、月,自动得到当期的损益表。

3.2.3 现金流量表的编制和生成

1. 现金流量表概述

现金流量表是反映企业在一定期间内现金的流入和流出,表明企业获得现金和现金等价物能力的会计报表。通过现金流量表可以提供企业的现金流量信息,从而对企业整体财务状况做出客观评价;可以对企业的支付能力以及企业对外部资金的需求情况做出较为可靠的判断;可以了解企业当前的财务状况,预测企业未来的发展情况。

现金流量表是以现金为基础编制的财务报表。

现金流量是指企业一定时期内现金和现金等价物流入和流出的数量。现金流量是衡量企业经营状况是否良好、是否有足够的现金偿还债务、资产的变现能力等非常重要的指标。企业日常经营业务是影响现金流量的重要因素,但并不是所有交易或事项都影响现金流量。

2. 现金流量的分类

企业一定时期内现金的流入和流出是由多种因素产生的,因此,编制现金流量表首要要对企业各项经营业务产生或运用的现金流量进行合理地分类。通常按照经营业务的性质将企业一定时期内产生的现金流量分为以下三类:

(1) 经营活动产生的现金流量

经营活动是指企业投资活动和筹资活动以外的所有交易和事项。经营活动的现金流入主要有销售商品或提供劳务、经营性租赁等所收到的现金;经营活动的现金流出主要有购买货物、接受劳务、制造产品、推销产品、交纳税款等所支付的现金。现金流量表中所反映的经营活动产生的现金流量可以说明企业经营活动对现金流入和流出净额的影响程度。

由于各类企业所在行业特点不同,对经营活动的认定存在一定差异,因此,在编制现金流量表时,应根据企业的实际情况,对现金流量进行合理地归类。

(2) 投资活动产生的现金流量

投资活动是指企业长期资产的购建和不包括在现金等价物范围内的投资及其

处置活动。这里的长期资产是指固定资产、在建工程、无形资产、其他资产等持有期限在一年或一个营业周期以上的资产。投资活动的现金流入主要有收回投资、分得股利或利润、取得债券利息收入、处置长期资产等所收到的现金;投资活动的现金流出主要有购置长期资产、进行权益性或债权性投资等所支付的现金。由于现金等价物视同现金,所以投资活动产生的现金流量中不包括将现金转换为现金等价物这类投资活动产生的现金流量。通过现金流量表中所反映的投资活动产生的现金流量,可以分析企业通过投资活动获取现金流量的能力,以及投资活动产生的现金流量对企业现金流量净额的影响程度。

(3) 筹资活动产生的现金流量

筹资活动是指导致企业资本及债务规模和构成发生变化的活动。筹资活动的现金流入主要有吸收权益性投资、发行债券、借款等所收到的现金;筹资活动的现金流出主要有偿还债务、减少注册资本、发生筹资费用、分配股利或利润、偿付利息等所支付的现金。通过现金流量表中筹资活动产生的现金流量,可以分析企业的筹资能力,以及筹资活动产生的现金流量对企业现金流量净额的影响程度。

需要指出的是,企业在编制现金流量表时,应根据自身经济业务的性质和具体情况,对现金流量表中未特别指明的现金流量进行归类和反映,按照现金流量的分类方法和重要性原则,判断某项交易或事项所产生的现金流量应当归属的类别和项目。对于重要的现金流入或流出项目应当单独反映。对于一些特殊项目,如自然灾害损失、保险赔款等特殊的、不经常发生的项目,应根据项目性质,分别并到经营活动、投资活动或筹资活动的现金流量项目中反映。

3. 现金流量表各项目的填列方法

现金流量表各项目的填列方法如下:

(1) "销售商品、提供劳务收到的现金"项目反映企业销售商品、提供劳务实际收到的现金(含销售收入和应向购买单位收取的增值税税额),包括本期销售商品、提供劳务收到的现金,以及前期销售、提供劳务本期收到的现金和本期预收的账款,扣除本期退回本期销售的商品和前期销售本期退回的商品支付的现金。企业销售材料和代购供销业务收到的现金也在本项目中反映。

(2) "收到的税费返还"项目反映企业收到返还的各种税费,如收到的增值税、消费税、营业税、所得税、教育费附加返还等。

(3) "收到的其他与经营活动有关的现金"项目反映企业除了上述各项目以外,收到的其他与经营活动有关的现金流入,如罚款收入、流动资产中属于个人赔偿的现金收入等。其他价值较大的现金流入应单列项目反映。

(4) "购买商品、接受劳务支付的现金"项目反映企业购买商品、接受劳务实际支付的现金,包括本期购入商品、接受劳务支付的现金(包括增值税进项税额),以及本期支付前期购入的商品、接受劳务的未付款项和本期预付款。本期发生的购货退回收到的现金应从本项目中扣除。

(5)"支付给职工以及为职工支付的现金"项目反映企业实际支付给职工,以及为职工支付的现金,包括本期实际支付给职工的工资、奖金、各种津贴和补贴等,以及为职工支付的其他费用,但不包括支付给离退休人员的各项费用和支付给在建工程人员的工资等。企业支付给离退休人员的各项费用,包括支付的统筹退休金以及未参加统筹的退休人员的费用,在"支付的其他与经营活动有关的现金"项目中反映;支付的在建工程人员的工资在"购建固定资产、无形资产和其他长期资产所支付的现金"项目中反映。

企业为职工支付的养老、失业等社会保险基金、补充养老保险、住房公积金、支付给职工的住房困难补助、企业为职工交纳的保险金,以及企业支付给职工或为职工支付的其他福利费用等,应按职工的工作性质和服务对象,分别在本项目和"固定资产、无形资产和其他长期资产所支付的现金"项目中反映。

(6)"支付的各项税费"项目反映企业当期实际上交税务部门的各种税金,以及支付的教育费附加、矿产资源补偿费、印花税、房产税、土地增值税、车船使用税等。不包括计入固定资产价值、实际支付的固定资产投资方向调节税、耕地占用税等。

(7)"支付的其他与经营活动有关的现金"项目反映企业支付的除了上述各项目以外,支付的其他与经营活动有关的现金流出,如罚款支出、支付的差旅费、业务招待费、支付的保险费等。其他价值较大的现金流出应单列项目反映。

(8)"收回投资所收到的现金"项目反映企业出售、转让或到期收回除现金等价物以外的短期投资、长期股权投资而收到的现金,以及收回长期债权投资本金而收到的现金。不包括长期债权投资收回的利息,以及收回的非现金资产。收回的非现金资产不涉及现金流量的变动,在现金流量表补充资料中的"不涉及现金收支的投资与筹资活动"项目中反映。处置投资收回的现金扣除投资成本后的收益,并计入损益,构成净利润的因素,但它属于投资活动产生的现金流量,应反映在投资活动产生的现金流量类别中。

(9)"取得投资收益所收到的现金"项目反映企业因各种投资而分得的现金股利、利润、利息等,不包括股票股利。

(10)"处置固定资产、无形资产和其他长期资产而收到的现金"项目反映企业处置固定资产、无形资产和其他长期资产所取得的现金,并扣除为取得这些资产而支付的有关费用后的净额。由于自然灾害所造成的固定资产等长期资产损失而收到的保险赔款收入也在本项目中反映。

（11）"收到的其他与投资活动有关的现金"项目反映企业除了上述各项目以外，收到的其他与投资活动有关的现金流入。其他价值较大的现金流入应单列项目反映。

（12）"购建固定资产、无形资产和其他长期资产所支付的现金"项目反映企业购买建造固定资产、取得无形资产和其他长期资产所支付的现金，不包括为购建固定资产而发生的借款利息资本化部分，以及融资租入固定资产支付的租赁费。借款利息和融资租入固定资产支付的租赁费应在筹资活动产生的现金流量中单独反映。企业以分期付款方式购建的固定资产，其首次付款支付的现金作为投资活动的现金流出，以后各期支付的现金作为筹资活动的现金流出。

（13）"投资所支付的现金"项目反映企业进行各种性质的投资所支付的现金，包括企业取得的除现金等价物以外的短期股票投资、长期股权投资支付的现金、长期债券投资支付的现金，以及支付的佣金、手续费等附加费用。

（14）"支付的其他与投资活动有关的现金"项目反映企业除了上述各项目以外，支付的其他与投资活动有关的现金流出。其他价值较大的现金流出应单列项目反映。

（15）"吸收投资所收到的现金"项目反映企业收到的投资者投入的现金，包括以发行股票方式筹集的资金实际收到的股款净额（发行收入减去支付的佣金等发行费用后的净额）、发行债券实际收到的现金（发行收入减去支付的佣金等发行费用后的净额）。以发行股票方式筹集资金而由企业直接支付的审计、咨询等费用，以及发行债券支付的发行费用在"支付的其他与筹资活动有关的现金"项目中反映，不从本项目内扣除。

（16）"借款收到的现金"项目反映企业举借各种短期、长期借款所收到的现金。

（17）"收到的其他与筹资活动有关的现金"项目反映企业除了上述各项目以外，收到的其他与筹资活动有关的现金流入。其他价值较大的现金流入应单列项目反映。

（18）"偿还债务所支付的现金"项目反映企业以现金偿还债务的本金，包括偿还金融企业的借款本金、偿还债券本金等。企业偿还的借款利息、债券利息在"偿付利息所支付的现金"项目中反映，不包括在本项目内。

（19）"分配股利或利润所支付的现金"项目反映企业实际支付的现金股利、利润，以及支付给其他投资的利息。

（20）"支付的其他与筹资活动有关的现金"项目反映企业除了上述各项目以

外,支付的其他与筹资活动有关的现金流出,如捐赠现金支出等。其他价值较大的现金流出应单列项目反映。

(21)"汇率变动对现金的影响额"项目反映企业外币现金流量及境外子公司的现金流量折算为人民币时所采用的现金流量发生日的汇率或平均汇率折算的人民币金额与"现金及现金等价物净增加额"中外币现金净增加额按期末汇率折算的人民币金额之间的差额。

(22)将净利润调节为经营活动的现金流量

补充资料中的"将净利润调节为经营活动的现金流量"实际上是以间接法编制的经营活动的现金流量。由于净利润是按权责发生制确定的,其中有些收入、费用项目并没有实际发生现金流入和流出,因此,通过对有关项目的调整,可将净利润调整为经营活动现金流量。

(23)不涉及现金收支的投资和筹资活动

补充资料中的"不涉及现金收支的投资和筹资活动"提供企业在一定期间内影响资产或负债但不形成该期现金收支的所有投资和筹资活动的信息。这些投资和筹资活动虽不涉及现金收支,但对以后的现金流量会产生重大影响。如融资租入设备记入"长期应付款"科目,当期并不支付现金,但以后各期必须为此支付现金,从而在一定期间内形成了一项固定现金支出。因此,应在补充资料中加以反映。具体包括以下项目:"债务转为资本"项目,反映企业本期转为资本的债务金额;"一年内到期的可转换公司债券"项目反映企业一年内到期的可转换公司债券的金额;"融资租入固定资产"项目反映企业本期融资租入固定资产,计入"长期应付款"科目的金额。

(24)现金及现金等价物净增加情况

补充资料中的"现金及现金等价物净增加情况"包括"现金的期末余额"、"现金的期初余额"、"现金等价物的期末余额"、"现金等价物的期初余额"、"现金及现金等价物的净增加额"等项目,其中"现金及现金等价物净增加额"与现金流量表中最后一项"五、现金及现金等价物净增加额"相等。

4. 现金流量表的编制方法

(1)新建一个工作簿,将 Sheet1 工作表作为现金流量表的工作底稿。现金流量表工作底稿的第一部分是资产负债表项目,第二部分是利润表项目,第三部分是现金流量表项目。

进入 Sheet2 工作表,设置现金流量表格式。

(2)在现金流量表工作底稿中输入资产负债表各项目的期初数和期末数,并将调整分录输入到现金流量表的工作底稿中。输完调整分录后,进入现金流量表工作表，就可以看到自动生成的现金流量表。

3.3 会计报表的分析

3.3.1 比率分析

1. 比率分析的指标

（1）偿债能力比率分析

偿债能力是指企业偿还各种到期债务的能力，具体有以下几个指标。

① 流动比率。流动比率是企业流动资产与流动负债之比。

② 速动比率。速动资产是流动资产扣除存货后的资产，它与流动负债之比称为速动比率。

③ 现金比率。现金比率是企业现金类资产与流动负债之比，它可以反映企业直接的支付能力。

④ 资产负债率。资产负债率是企业负债总额与资产总额之比，它反映企业的资产总额中有多少是通过举债而得到的。

⑤ 股东权益比率。股东权益比率是股东权益总额与资产总额之比，它反映企业的资产总额中有多少属于所有者。

⑥ 负债股权比率。负债股权比率是负债总额与股东权益总额之比，它反映了债权人所提供资金与股东所提供资金的对比关系，可以揭示企业的财务风险以及股东权益对债务的保障程度。

⑦ 利息保障倍数。利息保障倍数是税前利润加利息费用与利息费用之比，它反映企业经营所得支付债务利息的能力。

（2）营运能力比率分析

企业营运能力反映了企业的资金周转状况，对此进行分析可以了解企业的营运状况及经营管理水平。资金周转状况好，说明企业的经营管理水平高，资金利用率高，其主要比率有：

① 存货周转率。存货周转率是企业一定时期内销售成本与平均存货之比，该比率越高，说明存货周转得越快，企业的销售能力越强。

② 应收账款周转率。应收账款周转率是企业一定时期内的赊销收入净额与应收账款平均余额之比，它反映企业应收账款的周转速度。

③ 流动资产周转率。流动资产周转率是企业销售收入与流动资产平均余额之比，它反映企业全部流动资产的利用效率。

④ 固定资产周转率。固定资产周转率是企业销售收入与固定资产平均净值之比，它反映企业固定资产的利用效率。

⑤ 总资产周转率。总资产周转率是企业销售收入与资产平均总额之比，它反映企业全部资产的利用效率。

(3) 获利能力比率分析

获利能力是企业赚取利润的能力。企业的债权人、所有者以及管理当局都十分关心获利能力。获利能力的主要比率有：

① 资产报酬率。资产报酬率是企业在一定时期内的净利润与资产平均总额之比，它能衡量企业利用资产获取利润的能力，反映企业总资产的利用效率。

② 股东权益报酬率。股东权益报酬率是企业在一定时期内取得的净利润与股东权益平均总额之比，它反映了企业股东获取投资报酬的高低。

③ 销售毛利率。销售毛利率是企业的销售毛利与销售收入净额之比，它反映了企业销售收入净额中有多少是销售毛利。

④ 销售净利率。销售净利率是企业净利润与销售收入净额之比，它反映了企业每元销售净收入可实现的净利润。

⑤ 成本费用净利率。成本费用净利率是企业净利润与成本费用总额之比，它反映了企业在生产经营过程中发生的耗费与获得的收益之间的关系。

⑥ 每股股利。每股股利是普通股分配的现金股利总额与发行在外普通股股数之比，它反映了普通股获取现金股利的能力。

⑦ 每股净资产。每股净资产是股东权益总额与发行在外普通股股数之比。

⑧ 市盈率。市盈率是普通股每股市价与每股利润之比，它反映了每股利润的市场价值。

2. 比率分析表的生成

打开报表，同时新建一个工作簿，在其中的 Sheet1 中设置比率分析表，并在其中设置取数公式。

3.3.2 趋势分析

趋势分析是指通过对企业连续几个会计期间的会计报表或指标进行比较，来了解有关项目或指标的变化趋势，并以此来预测企业未来财务状况、经营成果，判断企业发展前景。其分析方法主要有比较分析法、比较百分比和图解法等。

1. 比较分析法

比较分析法是通过指标对比，从数量上确定差异，以揭露矛盾的一种方法。在实际工作中，运用比较法进行指标对比通常采取如下方式：

(1) 本期实际与前期实际对比

将企业本期实际发生数与前期实际发生数进行对比,可以了解事物的发展过程和发展趋势。

(2) 不同时期同类指标对比

不同时期同类指标对比是比较企业连续几个不同时期同类指标的数据,分析其增减变化的幅度及其变化原因,以判断事物发展的趋势。在实际工作中,运用该比较分析法进行趋势分析时,可选择以某一时期的数据为基数,将分析期各个时期的指标数量都和基期对比(称为定基比),也可将分析期各个时期的指标数量都和前一期对比(称为环比)。

2. 比较百分比法

比较百分比法是在前述比较分析法的基础上发展起来的一种方法,它是将数据用百分比的方式来表示,并借以判断事物的发展趋势。

3. 图解法

图解法是将企业连续几个会计期间的财务数据或财务指标绘制成图表,并根据图形走势来判断企业财务状况、经营成果的变化趋势。这种方法比较直观,能够使分析者发现一些比较法不易发现的问题。

3.3.3 综合分析

综合分析是指通过对各种指标进行综合、系统地分析,从而对企业的财务状况做出全面、合理地评价,揭示企业财务状况的全貌。综合分析一般采用综合评分的方法,其操作步骤如下:

(1) 选择评价企业财务状况的财务比率。

(2) 根据各项财务比率的重要程度,确定其标准评分值,即重要性系数。

(3) 规定各种财务比率评分值的最高评分值和最低评分值。

(4) 确定各项财务比率的标准值,即企业现实条件下比率的最优值。

(5) 计算企业一定时期各项财务比率的实际值。

(6) 计算企业一定时期各项财务比率的实际值与标准值之比,即关系比率。

(7) 计算各项财务比率的实际得分,即关系比率和标准评分值的乘积。

(8) 计算结果的评价。

第4章　Excel 在日常费用统计中的应用

本章学习目标

本章主要讲解如何利用 Excel 进行日常费用统计。通过本章的学习，读者应掌握以下内容：

日常费用记录表的建立和格式设置。

利用数据透视表和分类汇总功能进行日常费用统计。

4.1　日常费用记录表

4.1.1　建立日常费用记录表

在一个单位的日常管理活动中，经常会发生一些费用支出。为了更好地反映、控制这些日常支出，有关管理部门需要通过适当方式将这些费用统计出来。由于 Excel 提供了强大的计算、统计、分析功能，所以在一个单位的日常费用管理中，可以借助 Excel 来提高工作效率。

4.1.2　日常费用统计表格式设置

为了使已经建好的工作表美观大方，可以对此工作表进行格式设置。

4.2　利用数据透视表进行统计

上一节中所做的日常费用统计表只是一个原始数据表，如果需要从中找出一些带有总结性的内容，如部门收入或支出的合计数，利用手工操作肯定是比较麻烦的，这时，可以利用 Excel 提供的"数据透视表"来完成此项工作。

4.2.1　建立"部门—时间"数据透视表

建立数据透视表的步骤如下：

（1）打开工作表，执行数据透视表命令。

（2）指定待分析数据的数据源和报表类型。

(3) 确定数据源区域。

(4) 选择数据透视表的显示位置。

(5) 设置版式。

(6) 完成数据透视表。

(7) 数据分析。

4.2.2 建立"摘要—部门"数据透视图

在前述数据透视表的基础上,还可以创建一个常规的、非交互式的数据透视图,这样,可以更直接地观察用户所需的统计结果。创建数据透视图的操作步骤如下:

(1) 创建数据透视表。

(2) 选择要显示的项目。

(3) 插入图表。

(4) 图表格式设置。

(5) 图表格式的完善。

4.3 利用分类汇总统计日常费用

在 Excel 中,除了可以使用数据透视表进行日常费用统计外,还可以利用它的"分类汇总"功能得到需要的结果。

4.3.1 分类汇总

Excel 可自动计算数据清单中的分类汇总和总计值。当插入自动分类汇总时,Excel 会分级显示数据清单,以便为每个分类汇总显示和隐藏明细数据行。

若要使用分类汇总,必须先将数据清单排序,以便将要进行分类汇总的行组合到一起,然后,为包含数字的列计算分类汇总。

分类汇总和计算方法包括分类汇总、总计和自动重新计算。Excel 使用 SUM（求和）、COUNT（计数）和 AVERAGE（均值）等函数进行分类汇总计算。在一个数据清单中可以一次使用多种计算来显示分类汇总。总计值来自于明细数据,而不是分类汇总行中的数据。在编辑明细数据时,Excel 将自动重新计算相应的分类汇总和总计值。

下面结合前述的日常费用统计表,讲解如何进行日常数据分类汇总。

4.3.2 创建一个"月"分类汇总

创建分类汇总的操作步骤如下:

（1）为使操作结果不影响到原始数据，先将日常费用统计表中的全部数据复制到另一新工作表中。

（2）为使复制后的结果符合数据清单的要求，将新工作表中的第二行数据，即若干"*"号删除。

（3）将所有记录按月进行排序，即选定"月"列中任意一单元格，单击常用工具栏中的"升序"按钮或"降序"按钮。

（4）单击"数据"菜单中的"分类汇总"命令，打开"分类汇总"对话框。在"分类字段"的下拉列表中选择"月"，在"汇总方式"下拉列表框中选择"求和"，在"选定汇总项"列表框中单击"支出"复选框，并选中"替换当前分类汇总"和"汇总结果显示在数据下方"复选框。

（5）单击"确定"，得到最后的结果。

（6）单击分类汇总数据表左侧的分级显示按钮，便可创建分类汇总报表，用户可以选择显示全部记录，或只显示每月的汇总结果，或只显示三个月的总计。

第 5 章　Excel 在工资管理中的应用

本章学习目标

本章主要讲解 Excel 在工资管理中应用的相关知识。通过本章的学习,读者应掌握以下内容:

工资表的结构建立和数据输入。

工资表模板的设计和使用。

工资数据透视表的建立和规划设计。

5.1　工资表的建立

5.1.1　工资表结构的建立

在通常情况下,一个工资表包括编号、姓名、部门、基本工资、岗位工资、奖金、应发合计、水电费、代扣税、扣款合计、实发工资等工资项目。除此之外,各单位根据实际需要可能还增加一些其他项目。

工资表结构设置的步骤如下:

(1) 打开 Excel,单击"文件"菜单,选取"新建"命令,然后在弹出的"新建"对话框中选择"常用"标签中的"工作簿",单击"确定"按钮之后,一个新工作簿就建立好了。

(2) 在新建工作簿中的工作表 Sheet1 中输入工资表的第一行列名:编号、姓名、部门、基本工资、岗位工资、奖金、应发合计、水电费、代扣税、扣款合计、实发工资、签名。

(3) 右击"Sheet1",弹出快捷菜单,单击"重命名"命令,将该工作表重命名为"工资表"。

(4) 单击"保存"按钮,以"工资表"为文件名保存文件。这样,工资表的结构就建立好了。

5.1.2　工资表数据的输入

建好工资表结构后,就可以输入工资数据了。

5.2 工资表的模板

建立好某个月的工资表后,下一个月表中的很多基本数据不变,可以直接利用,例如第一行的各列标题,以及编号、姓名和部门等列的内容,都不会发生大的变化,可以将其直接作为下一个月工资表的原始数据来用,而且部分工资金额、计算公式等也可以直接利用。

怎样快速建立下个月的工资表呢?可以把当前的工作表保存为一个模板文件,在下次编辑时,直接打开这个模板文件,然后只改动奖金和扣款等项内容,就能较快速地完成下个月的工资表。

5.3 工资数据的统计

在实际发放工资时,需要将工资按部门统计,这就要用到数据透视表了。数据透视表是交互式报表,可以快速合并和比较大量数据,可以旋转其行和列以看到源数据的不同汇总,还可以显示感兴趣区域的明细数据。

数据透视图报表以图形形式表示数据透视表中的数据。正像在数据透视表里那样,可以更改数据透视图报表的布局和显示的数据。

第6章 财务预测

本章学习目标

本章主要讲解利用 Excel 进行财务预测和建立财务预测模型的相关知识。通过本章的学习,读者应掌握以下内容:

销售预测方法及模型的建立。

利润敏感性分析及利润预测模型的建立。

成本预测模型的建立。

资金需要量预测模型的建立。

6.1 财务预测概述

预测是用科学的方法预计、推断事物发展的必要性或可能性的行为,即根据过去和现在预计未来,由已知推断未知的过程。

6.1.1 预测分析步骤

预测分析一般可按以下步骤进行:

(1) 确定预测目标。

(2) 收集和整理资料。

(3) 选择预测方法。

(4) 分析判断。

(5) 检查验证。

(6) 修正预测值。

(7) 报告预测结论。

6.1.2 预测分析方法

预测分析的具体方法很多,概括起来主要有两种:定量预测法和定性预测法。

1. 定量预测法

定量预测法是在掌握与预测对象有关的各种要素的定量资料的基础上,运用现代数学方法进行数据处理,据以建立能够反映有关变量之间规律性联系的各类预测模型的方法体系,可分为趋势外推分析法和因果分析法。

(1) 趋势外推分析法

这种方法是将时间作为制约预测对象变化的自变量,把未来作为历史的自然延续,属于按事物的自身发展趋势进行预测的动态预测方法。

该方法的基本原理是:企业过去和现在存在的某种发展趋势将会延续下去,而且过去和现在发展的条件同样适用于未来,可以将未来视为历史的自然延续。因此,该方法又被称为时间序列分析法。

(2) 因果分析法

这种方法是根据变量之间存在的因果关系函数,按预测因素的未来变动趋势来推测预测对象(即因变量)未来的相关预测方法。

该方法的基本原理是:预测对象受到许多因素的影响,这些因素之间存在着复杂的关系,通过对这些变量内在规律性的研究可以建立一定的数学模型,在已知自变量的条件下,可利用模型直接推测预测对象的未来值。

2. 定性预测法

定性预测法是由有关方面的专业人员根据个人经验和知识,结合预测对象的特点进行综合分析,对事物的未来状况和发展趋势做出推测的预测方法。它一般不需要进行复杂的定量分析,适用于缺乏完备的历史资料或有关变量之间缺乏明显的数量关系等情况下的预测。

实际工作中常常将二者结合应用,相互取长补短,以提高预测的准确性和预测结论的可信度。

6.1.3 预测分析内容

预测分析的基本内容包括:

(1) 销售预测。

(2) 利润预测。

(3) 成本预测。

(4) 资金预测。

6.2 销售预测

狭义的销售预测是对销售量的预测。用于销售量预测的常用方法有判断分析法、趋势外推分析法、因果分析法和产品寿命周期推断法等。其中,判断分析法和产品寿命周期推断法属于定性预测法,趋势外推分析法和因果分析法属于定量预测法。在这里,我们主要讨论趋势外推分析法。

6.2.1 趋势外推分析法

趋势外推分析法是在销售量预测中应用较为普遍的一种方法,下面介绍几种应用平均法进行趋势外推分析的主要方法。

平均法是指根据所掌握的特定预测对象若干时期销售量的历史资料,按照一定方法进行处理并计算其平均值,以确定预测销售量的方法。

1. 算术平均法

算术平均法又称简单平均法,它是直接将若干时期实际销售业务量的算术平均值作为销售预测值的一种预测方法。其计算公式为:

$$预测销售量\overline{y}_{n+1} = \frac{已知时间序列各期销售业务量之和}{时间序列期数} = \frac{\sum Q_t}{n}$$

这种方法的优点是计算过程很简单,缺点是没有考虑远近期销售业务量的变动对预测销售状况的影响程度的不同,从而使不同时期资料的差异简单平均化,所以,该方法只适用于对各期销售业务量比较稳定,且没有季节性变化的食品和日常用品等的销售预测。

2. 移动平均法

移动平均预测法是一种最简单的自适应预测模型,具体分为一次移动平均预测和二次移动平均预测。

(1) 一次移动平均法

一次移动平均法根据时间序列逐项移动,依次计算包含一定项数的序时平均数,形成一个序时平均时间数序列,据以进行预测。在实际工作中,当企业或商店要逐月预测下个月的成百上千种产品的进货或销售情况时,这种方法还是很适用的。

(2) 二次移动平均法

二次移动平均法是对时间序列计算一次移动平均数后,再对一次移动平均数序列进行一次移动平均运算。二次移动平均数并不能直接用于预测,其目的是用来求出平滑系数。二次移动平均法解决了一次移动平均法只能预测下一期的局限性,它可以进行近、远期的预测。但是,当需要进行中、长期的预测时,二次移动平均法仍然不够理想。当预测期限拉长时,预测值的代表性就会下降。另外,二次移动平均法将近、远期数据的重要性同等看待,这使预测精度受到了影响。

(3) 趋势平均法

趋势平均法是指在移动平均法计算 n 期时间序列移动平均值的基础上,进一步计算趋势值的移动平均值,进而利用特定基期销售量移动平均值和趋势值移动平均值来预测未来销售量的一种方法。趋势平均法的优点在于它既考虑了销售量的移动平均数,又考虑了趋势值的移动平均值。

6.2.2 因果分析法

因果分析法也是预测分析中常用的方法,利用因果分析法预测销售量的步骤如下:

(1) 确定影响销售量的主要因素。

(2) 根据有关资料确定销售量与自变量之间的数量关系,建立因果分析模型。

(3) 根据未来有关自变量的变动情况预测销售量。

6.3 利润预测

6.3.1 目标利润预测

利润预测是企业经营预测的一个重要方面,它是在销售预测的基础上,通过对产品的销售量、价格水平、成本状况进行分析和测算,预测出企业未来一定时期的利润水平。目标利润的预测步骤大致如下:

(1) 调查研究,确定利润率标准。

(2) 计算目标利润基数。将选定的利润率标准乘上企业预期应该达到的有关业务量及资金指标,便可测算出目标利润基数。其计算公式为:

$$目标利润基数 = 有关利润标准 \times 相关指标$$

(3) 确定目标利润修正值。

(4) 最终下达目标利润并分解落实纳入预算体系。最终下达的目标利润应该为目标利润基数与修正值的代数和,即:

$$最终下达的目标利润 = 目标利润基数 + 目标利润修正值$$

6.3.2 利润敏感性分析

1. 利润敏感性分析的主要任务

利润敏感性分析的主要任务是计算有关因素的利润灵敏指标,揭示利润与有关因素之间的相对数量关系,并利用灵敏指标进行利润预测。

2. 利润敏感性分析的假定条件

利润敏感性分析的假定条件如下:

(1) 有限因素的假定。

(2) 单独变动的假定。

(3) 利润增长的假定。

(4) 同一变动幅度的假定。

3. 利润敏感性指标的计算

利润敏感性分析的关键是计算利润受各个因素影响的灵敏度指标。某因素的利润灵敏度指标为该因素按上述假定单独变动 1% 后使利润增长的百分比指标，其计算公式为：

$$第 i 个因素利润灵敏度指标(S_i) = \frac{该因素的中间变量基数}{利润基数} \times 1\%$$

$$= \frac{M_i}{P} \times 1\%$$

式中的中间变量是指同时符合以下两个条件的计算替代指标，即中间变量的变动率必须等于因素的变动率，中间变量变动额的绝对值必须等于利润的变动额。

6.3.3 概率分析法在利润预测中的应用

1. 销售业务量为不确定因素时的情况

2. 多因素为不确定因素时的情况

6.4 成本预测与资金需要量预测

6.4.1 成本预测

成本预测是根据企业未来的发展目标和现实条件，参考其他资料，利用专门方法对企业未来成本水平及其发展趋势所进行的推测与估算。成本预测的方法大体可分为以下四类：

(1) 历史成本分析法。

(2) 定性分析法。

(3) 目标成本预测法。

(4) 因素分析法。

6.4.2 资金需要量预测

销售百分比法是一种以未来销售收入变动的百分比为主要参数，考虑随销售量变动的资产负债项目及其他因素对资金的影响，从而预测未来需要追加的资金量的一种定量方法。这种方法的基本公式是：

$$\Delta F = K \times (A - L) - D - R + M$$

式中：ΔF——预计未来需要追加的资金数额；
K——未来销售收入增长率；
A——随销售额变动的资产项目基期金额；
L——随销售额变动的负债项目基期金额；
D——计划提取的折旧摊销额与同期用于更新改造的资金之差额；
R——按计划期销售收入及基期销售净利润率计算的净利润与预计发放股利的差额；
M——计划期新增零星资金开支数额。

该方法的计算步骤如下：

(1) 确定未来销售收入增长率指标 K，公式为：

$$K = \frac{\text{预计销售收入} - \text{基期销售收入}}{\text{基期销售收入}}$$

(2) 分析基期资产负债表的有关项目，计算 A 与 L。

① A 的确定。周转中的货币资金，正常的应收账款、存货等项目，一般会随销售额的变动而变动，应列入 A；对固定资产则视基期生产能力是否还有潜力可利用而定，如果还有潜力，不需要追加资金投入则不予考虑，否则应将其列入 A。长期有价证券投资和无形资产投资一般不列入 A 的范围。

② L 的确定。应付账款、其他应付款等项目会随销售额增长而增长，应列入 L，其他项目一般不予考虑。

③ 按折旧计划和更新改造计划确定可作为内部周转资金来源的折旧摊销额与同期将用于更新改造的资金数额，进而计算 D。

④ 按照预计销售额和基期销售净利润率计算预期净利润率，按计划发放股利分配率测算预计发放股利，进而计算 R。

⑤ 确定新增零星资金开支数额。

⑥ 将以上各项目代入计算公式，预测需要追加的资金数额。

第 7 章 财务预算和财务计划

本章学习目标

本章主要讲解利用 Excel 编制财务预算和财务计划的相关知识。通过本章的学习,读者应掌握以下内容:

利用 Excel 编制各种财务预算的方法。

使用销售百分比法编制财务计划。

根据财务计划调整预计财务报表。

7.1 财务预算

财务预算是指企业一定期间内生产经营方面的全面预算,主要包括销售预算、生产预算、成本预算和现金收支预算等方面,并形成一个完整的体系。

7.1.1 销售预算

销售预算的主要内容有销售量、单价和销售收入。销售量是根据市场预测或销售合同并结合企业生产能力而确定的;单价是通过价格决策确定的;销售收入是二者的乘积,在销售预算中通过计算得出。在销售预算中,通常还包括预期的现金收入,预期的现金收入包括上期销售将于本期收到的现金和本期销售可于本期收到的现金。

7.1.2 生产预算

以销售预算为基础,进而编制生产预算,其主要内容有销售量、期初和期末存货、生产量。产品的生产量与销售量之间的关系可表述为:

$$预计生产量 =(预计销售量 + 预计期末存货)- 预计期初存货$$

因为企业的生产和销售不能做到"同步同量",需要设置一定量的存货,以避免存货太少而影响下一季度销售活动的正常进行,或者存货太多而占用企业过多的资金,所以,产成品的期初、期末存货要作为生产预算的一个必要组成部分。一般来说,年初存货是编制预算时预计的,年末存货则是根据长期销售趋势确定的。

7.1.3 直接材料预算

根据生产预算可编制直接材料预算,以确定预算期材料采购量和采购额。它一般包括三部分内容:

1. 直接材料需要量

$$预计直接材料需要量 = 预计生产量 \times 单位产品耗用量$$

2. 直接材料采购量和采购额

$$预计材料采购量 =(生产预计需要量 + 预计期末库存)- 预计期初库存$$
$$预计材料采购额 = 预计材料采购量 \times 材料单位成本$$

3. 计算预算期内需要支付的材料采购款

为了给现金预算编制提供资料,在编制直接材料预算时通常要设置一个现金支出计算表。由于赊销的存在,企业每期购买材料预期的现金支出应该包括前期采购材料将于本期支付的现金和本期采购材料应由本期支付的现金,计算公式为:

$$本期需要现金支付的采购款 = 本期材料采购额 + 前期采购于本期的支付额 - 本期采购于后期的支付额$$

编制该预算通常需要包括以下内容:

(1) 预计生产量。
(2) 预计生产需要量。
(3) 预计期末材料存量。
(4) 预计期初材料存量。
(5) 预计材料采购量。
(6) 材料采购额。
(7) 第一季度付款情况。
(8) 第二季度付款情况。
(9) 第三季度付款情况。
(10) 第四季度付款情况。
(11) 付款合计数。

7.1.4 直接人工预算

直接人工预算是根据生产预算中所确定的预算期生产量来计算的,其主要内容包括预计产量、单位产品工时、人工总工时、每小时人工成本和人工总成本,其公式为：

$$\text{预算期直接人工成本} = \text{预算期生产量} \times \sum(\text{单位产品所需工时} \times \text{单位工时直接人工成本})$$

编制该预算通常需要包括以下内容：

(1) 预计生产量。

(2) 人工总工时。

(3) 人工总成本。

7.1.5　制造费用预算

制造费用按其习性，可分为变动制造费用和固定制造费用。变动制造费用预算以生产预算为基础来编制，可根据预计生产量和预计的变动制造费用分配率来计算；固定制造费用需要逐项进行预计，通常与本期产量无关，按每季实际需要的支付预计，然后求出全年数。

编制该预算通常需要包括以下内容：

(1) 预计总工时。

(2) 各季度及全年的变动制造费用(小计)。

(3) 制造费用合计数。

(4) 以现金支付的费用。

7.1.6　产品成本预算

产品成本预算是生产预算、直接材料预算、直接人工预算和制造费用预算的汇总，其主要内容包括产品的单位成本和总成本，单位产品成本的有关数据来自前述三个预算。

直接材料、直接人工和变动制造费用的单位消耗、分配率和固定制造费用的单位消耗均可从直接材料预算、直接人工预算、制造费用预算中直接引用。

编制该预算通常需要包括以下内容：

(1) 固定制造费用分配率。

固定制造费用分配率从制造费用预算中计算得到，其公式为：

$$\text{固定制造费用分配率} = \frac{\text{全年固定制造费用}}{\text{全年预计总工时}}$$

(2) 单位成本。

(3) 生产成本。

(4) 存货成本。

(5) 销售成本。

7.1.7 销售与管理费用预算

销售费用预算是指为了实现销售预算所需支付的费用预算,它以销售预算为基础,分析销售收入、销售利润和销售费用的关系,力求实现最有效的使用销售费用。

编制该预算通常需要包括以下内容:

(1) 销售费用及管理费用合计数。

(2) 各季度现金支出数。

7.1.8 现金预算

现金预算的编制,是以各项营业预算和资本预算为基础的,反映各预算期的收入款项和支出款项,并作对比说明。其目的在于资金不足时筹措资金,资金充足时及时处理现金余额,并提供现金收支的控制限额,可以发挥现金管理的作用。完整的现金预算应该包括以下内容:

(1) 现金收入。

(2) 现金支出。

(3) 现金多余或不足。

(4) 现金的筹集与运用。

编制该预算通常需要包括以下内容:

(1) 销售现金收入。

(2) 可供使用资金。

(3) 购买材料使用的现金。

(4) 直接人工使用的现金。

(5) 制造费用。

(6) 销售与管理费用。

(7) 现金多余或不足。

(8) 支付利息。

(9) 借款支出合计。

(10) 期末现金余额。

7.1.9 预计损益表

预计损益表是在汇总销售、成本、销售及管理费用等预算的基础上编制的。编制预计损益表主要是为企业财务管理服务,是控制企业资金、成本和利润总量的重要手段。

编制该预算通常需要包括以下内容:

(1) 销售收入。
(2) 销售成本。
(3) 毛利。
(4) 销售及管理费用。
(5) 利息。
(6) 利润总额。
(7) 所得税。
(8) 净利润。

$$净利润 = 利润总额 - 所得税$$

7.1.10 预计资产负债表

编制预计资产负债表,是为了判断预算所反映的财务状况的稳定性和流动性。如为了编制 2013 年末的预计资产负债表,必须利用本期初即 2012 年末的资产负债表资料,并根据销售、生产、资本等预算的有关数据加以调整编制。

编制该报表通常需要包括以下内容:
(1) 现金。
(2) 应收账款。
(3) 直接材料。
(4) 产成品。
(5) 房屋设备年末数。
(6) 累计折旧。
(7) 资产总额。
(8) 应付账款。
(9) 未分配利润年末数。
(10) 负债及股东权益总额。

$$负债及股东权益总额 = 负债合计 + 股东权益合计$$

7.2 财务计划模型

7.2.1 预计财务报表的方法

1. 销售百分比法

销售百分比法是将销售收入按百分比增长,假设各财务变量与销售收入之间

的关系为比率关系。该方法在实际中比较常用,它需要建立在两个假设的基础上:
(1) 假设报表中各个要素与销售紧密联系。
(2) 目前资产负债表中的各项水平对当前的销售来讲都是最佳水平。
其计算公式为:

$$销售收入 = 基期销售收入 \times (1 + 销售增长率)$$
$$报表其他要素 = 销售收入 \times 相应百分比比例$$

2. 线性回归法

线性回归法是以过去一系列的财务状况为依据,观察销售收入与各财务变量之间的关系,运用回归分析方法测定其直线回归方程:

$$报表要素 = A \times 销售收入 + B$$

计算出该方程中的参数 A、B 和相关系数 R,则得到报表要素的各线性回归方程,如果相关系数 R 接近于1,说明这些财务变量与销售收入之间存在线性关系,可以用上述方程进行预测。

3. 多元回归法

如果一个报表要素与销售收入之间并不是线性关系,也就是说 R 不接近于1,说明该报表要素除了受销售收入影响以外,还受到其他因素的影响。在这种情况下,可以采用多元回归法进行预测。

7.2.2 建立财务计划模型

1. 建立财务计划条件

在编制企业财务计划时,首先进行销售预测,得到销售收入增长率,对基年的财务报表进行分析,按销售百分比法建立财务计划模型,提出假设条件,并制定财务政策。

2. 建立预计财务报表

按销售百分比法建立预计财务报表,即进行财务预测的依据是基年财务报表数据按比例推测。

(1) 预计损益表

$$主营业务收入 = 基期销售收入 \times (1 + 销售增长率)$$
$$销售成本 = 销售成本占销售收入的比例 \times 销售收入$$
$$销售及管理费用 = 销售和管理费用占销售收入比例 \times 销售收入$$
$$利息 = 利率 \times 长期负债$$
$$所得税 = 所得税率 \times (销售收入 - 销售成本 - 销售和管理费用 - 利息)$$

净收益 = 销售收入 − 销售成本 − 销售和管理费用 − 利息 − 所得税

(2) 预计资产负债表

流动资产 = 流动资产占销售收入的比例 × 销售收入

固定资产 = 固定资产占销售收入的比例 × 销售收入

应付账款 = 应付账款占销售收入的比例 × 销售收入

长期借款 = 基期长期借款 + 外部资金需求量 × 借款比例

未分配利润 = 基期未分配利润(与销售收入无确定关系)

股权 = 基期股权 + 净收益 − 股利 + 股票筹资

= 基期股权 + 净收益 − 股利占净收益的比例 × 净收益 + 外部资金需求量 × (1 − 借款比例)

7.2.3 调整预计财务报表

可以利用 Excel 的"单变量求解"工具设置合适的目标权益总额值来调整未分配利润,使资产合计值等于权益总额值。

(1) 打开"工具"菜单,选择"单变量求解"命令,出现"单变量求解"对话框。

(2) 在"目标单元格"中输入权益总额的单元格地址。

(3) 在"目标值"中输入权益总额的期望值。

(4) 在"可变单元格"中设置未分配利润数值所在的单元格。

(5) 单击"确定"按钮。

7.2.4 改变财务计划与政策

可以利用 Excel 的"单变量求解"分析在财务政策和假设条件发生改变的情况下,如何及时、准确地得到所需的结果。

(1) 打开"工具"菜单,选择"单变量求解"命令,出现"单变量求解"对话框。

(2) 在"目标单元格"中输入税后净收益的单元格地址。

(3) 在"目标值"中输入净收益的期望值。

(4) 在"可变单元格"中设置销售增长率值所在的单元格。

(5) 单击"确定"按钮。

第8章 筹资决策

本章学习目标

本章主要讲解有关筹资决策的相关知识,介绍利用 Excel 建立相应筹资分析模型,以帮助财务管理人员提高决策效率。通过本章学习,读者应掌握以下内容:

Excel 提供的各种有关货币时间价值函数的使用。

长期借款筹资分析模型的建立。

租赁筹资分析模型的建立。

借款筹资与租赁筹资比较分析模型的建立。

8.1 筹资决策概述

企业筹集资金就是企业根据其生产经营、对外投资和调整资本结构的需要,通过筹资渠道和资金市场,运用筹资方式,经济有效地筹措和集中资金。企业进行资金筹集,首先必须了解筹资的具体动机,遵循筹资的基本要求,把握筹资的渠道与方式。

企业的资金来源渠道主要有国家资金、银行资金、其他企业资金、集体和个人资金。企业的资金筹集方式有股票、债券、银行借款、租赁、商业信用、商业票据等。

8.1.1 筹资分析与决策模型的内容

利用 Excel 提供的函数和计算功能,可以建立有关筹资方式的各种模型,通过对比分析,选择合理的筹资方案。筹资分析与决策模型主要包括:

(1) 长期借款基本模型。

(2) 长期借款双变量分析模型。

(3) 租赁筹资模型。

(4) 租赁筹资与举债筹资的比较分析模型。

8.1.2 资金的时间价值及函数

1. 资金的时间价值的概念与计算公式

(1) 复利终值

复利终值又称未来值,是指现在的货币经过若干年后的本利。其计算公式为:

$$V_f = V_p \times (1+i)^n$$

式中:V_f——第 n 年之后的终值;

V_p——期初数额或现值;

i——利率,一般为年利率;

n——时间周期数,一般为年数。

如果每年复利 m 次,则每期的利率为 $\dfrac{i}{m}$,时间周期数为 $m \times n$,此时复利终值公式为:

$$V_f = V_p \times \left(1 + \dfrac{i}{m}\right)^{m \times n}$$

(2) 复利现值

复利现值是指未来某一时期一定数额的货币折合成现在的价值。其计算公式为:

$$V_p = V_f \times \dfrac{1}{(1+i)^n}$$

式中:V_f——第 n 年之后的终值;

V_p——期初数额或现值;

i——利率,一般为年利率;

n——时间周期数,一般为年数。

如果每年复利 m 次,则每期利率为 $\dfrac{i}{m}$,时间周期数为 $m \times n$,此时复利终值公式为:

$$V_p = V_f \times \dfrac{1}{\left(1 + \dfrac{i}{m}\right)^{m \times n}}$$

(3) 年金终值

年金是指定期、等额的系列收支。年金按复利计算,于若干期期末后可得的本利和称为年金终值。

普通年金终值:每次收支发生在每期期末,其计算公式为:

$$FV = A \times \frac{(1+i)^n - 1}{i}$$

式中:i——年利率;

n——年金周期数;

A——年金,即每年固定支付或收入的数额。

如果每年固定支付或收入 m 期,每期收支为 A,则每期利率为 $\frac{i}{m}$,总期数为 $m \times n$,其计算公式为:

$$FV = A \times \frac{\left(1 + \frac{i}{m}\right)^{mn} - 1}{\frac{I}{m}}$$

先付年金终值:每次收支发生在每期期初,其计算公式为:

$$FV = A \times \left[\frac{(1+i)^{n+1} - 1}{i} - 1 \right]$$

(4)年金现值

普通年金现值:在每期期末取得相等金额,现在需要投入的金额,称为年金现值。若每年复利一次,其计算公式为:

$$PV = A \times \frac{1 - (1+i)^{-n}}{i}$$

如果每年固定支付或收入 m 期,每期收支为 A,则每期利率为 $\frac{i}{m}$,总期数为 $m \times n$,其计算公式为:

$$PV = A \times \frac{1 - \left(1 + \frac{i}{n}\right)^{-mn}}{\frac{i}{m}}$$

先付年金现值:在每期期初取得相等金额,现在需要投入的金额,称为先付年金现值。若每年复利一次,其计算公式为:

$$PV = A \times \left[\frac{1 - (1+i)^{-(n-1)}}{i} + 1 \right]$$

如果每年固定支付或收入 m 期,每期收支为 A,则每期利率为 $\frac{i}{m}$,总期数为 $m \times n$,其计算公式为:

$$PV = A \times \left[\frac{1-\left(1+\frac{i}{m}\right)^{-(nm-1)}}{\frac{i}{m}} + 1 \right]$$

(5)永续年金

如果年金定期等额支付一直持续到永远,则称为永续年金,其计算公式为:

$$永续年金现值 = \frac{每期的等额支付}{利率} = \frac{A}{i}$$

(6)年金的计算

$$A = FV \times \frac{i}{(1+i)^n - 1} \quad 或 \quad A = PV \times \frac{i}{1-(1+i)^{-n}}$$

(7)利率、期数的计算

根据年金现值、年金终值公式进行推导,求出现值函数或终值系数,然后查表,便可求出利率和期数。

2. 资金时间价值函数

(1)年金终值函数 FV( )

格式:FV(rate,nper,pmt,pv,type)

功能:在已知期数、利率及每期付款金额的条件下,返回年金终值数额。

说明:

rate 为各期利率,是一固定值。

nper 为总投资(或贷款)期,即该项投资(或贷款)的付款期总数。

pmt 为各期所应付给(或得到)的金额,其数值在整个年金期间(或投资期内)保持不变。通常 pmt 包括本金和利息,但不包括其他费用及税款。如果忽略 pmt,则必须包括 pv 参数。

pv 为现值,即从该项投资(或贷款)开始计算时已经入账的款项,或一系列未来付款当前值的累积和,也称为本金。如果省略 pv,则假设其值为零,并且必须包括 pmt 参数。

type 为数字 0 或 1,用以指定各期的付款时间是在期初还是期末。0 表示在期末,1 表示在期初。如果省略 type,则假设其值为零。

注意:应确认所指定的 rate 和 nper 单位的一致性。例如,同样是四年期年利率为 12% 的贷款,如果按月支付,rate 应为 $\frac{12\%}{12}$,nper 应为 4×12;如果按年支付,rate 应为 12%,nper 为 4。

在所有参数中,支出的款项表示为负数,收入的款项表示为正数。

(2) 年金现值函数 PV()

格式:PV(rate,nper,pmt,fv,type)

功能:在已知期数、利率及每期付款金额的条件下,返回年金现值数额。

说明:

rate、nper、pmt、fv、type 等各参数含义及要求同上。

(3) 年金函数 PMT()

格式:PMT(rate,nper,pmt,pv,fv,type)

功能:在已知期数、利率及现值或终值的条件下,返回年金数额。

说明:

rate、nper、pmt、fv、type、pv 等各参数含义及要求同上。

(4) 年金中的利息函数 IPMT()

格式:IPMT(rate,per,nper,pv,fv,type)

功能:在已知期数、利率及现值或终值的条件下,返回年金处理的每期固定付款所含的利息。

说明:

rate、nper、fv、type 等各参数含义及要求同上。

per 用于计算其利息数额的期次,必须在 1 至 nper 之间。

pv 为现值,即从该项投资(或贷款)开始计算时已经入账的款项,或一系列未来付款当前值的累积和,也称为本金。

(5) 年金中的本金函数 PPMT()

格式:PPMT(rate,per,nper,pv,fv,type)

功能:在已知期数、利率及现值或终值的条件下,返回年金处理的每期固定付款所含的本金。

说明:

rate、per、nper、pv、fv、type 等各参数含义及要求同上。

(6) 计息期数函数 NPER()

格式:NPER(rate, pmt, pv, fv, type)

功能:返回每期付款金额及利率固定的某项投资或贷款的期数。

说明：

rate、pmt、pv、fv、type 等各参数含义及要求同上。

（7）利率函数 RATE()

格式：RATE(nper,pmt,pv,fv,type,guess)

功能：在已知期数、期付款金额及现值的情况下，返回年金的每期利率。

说明：

nper、pmt、pv、fv、type 等各参数含义及要求同上。

guess 为预期利率（估计值）。如果省略预期利率，则假设该值为 10%。

8.2 长期借款筹资分析模型

建立长期借款分析模型就是利用 Excel 提供的筹资函数和工具，对贷款金额、贷款利率、贷款期限和归还期等因素进行多种测算，在多种方案中选择一种比较合理的贷款方案。

8.2.1 长期借款

1. 长期借款的种类

（1）长期借款按提供贷款的机构可以分为政策性银行贷款、商业性银行贷款和其他金融机构贷款。

（2）长期借款按有无抵押品担保划分，可以分为抵押贷款和信用贷款。

（3）长期借款按其用途划分，可以分为基本建设贷款、更新改造贷款、科研开发和新产品试制贷款等。

2. 长期借款的程序（以向银行借款为例）

（1）企业提出申请。

（2）银行进行审批。

（3）签订借款合同。

（4）企业取得借款。

（5）企业偿还借款。

8.2.2 建立长期借款分析基本模型

（1）建立长期借款分析基本模型工作表，将有关资料输入到工作表中。

（2）定义工作表中各单元格的计算公式。

8.2.3 长期借款模拟运算表分析模型

在实际工作中，长期借款中的各项因素，如本金、利率、还款期限等，是相互影响的。借款期限的长短会影响利率的高低,本金的多少会影响支付利息的多少,而其中每一项因素的变化都最终会对长期借款决策产生一定影响。

1. 长期借款单变量模拟运算表分析模型

(1) 创建单变量模拟运算表的步骤

① 在一列或一行中输入要替换工作表上的输入单元格的数值序列。

② 如果输入数值被排成一列,则在第一个数值的上一行且处于数值列右侧的单元格中定义所需的公式。在同一行中第一个公式的右边分别定义其他公式。

如果输入数值被排成一行,则在第一个数值左边一列且处于数值行下方的单元格中定义所需的公式。在同一列中第一个公式的下方分别定义其他公式。

③ 选定包含公式和需要被替换的数值的单元格区域。

④ 打开"数据"菜单,选择"模拟运算表"命令。

⑤ 如果模拟运算表是列方向的,则在"输入引用列的单元格"编辑框中为输入单元格确定引用。

如果模拟运算表是行方向的,则在"输入引用行的单元格"编辑框中为输入单元格确定引用。

(2) 利用单变量模拟运算表创建长期借款分析模型

2. 长期借款双变量模拟运算表分析模型

在长期借款分析决策中,如果是两个因素同时变化,如借款期限有长有短、利率有高有低,这时,在分析这些因素对最终决策的影响时,必须使用 Excel 的双变量模拟运算表。

(1) 创建双变量模拟运算表的步骤

① 在工作表的某个单元格内输入所需引用的两个输入单元格的公式。

② 在公式下面同一列中输入一组数值,在公式右边同一行中输入第二组数值。

③ 选定包含公式以及数值行和列的单元格区域。

④ 打开"数据"菜单,选择"模拟运算表"命令。

⑤ 在"输入引用行的单元格"编辑框中输入要由行数值替换的输入单元格的引用。

⑥ 在"输入引用列的单元格"编辑框中输入要由列数值替换的输入单元格的引用。

(2) 建立长期借款双变量模拟运算表分析模型

8.3 租赁筹资模型设计

8.3.1 租赁分类和计算

1. 租赁的种类

现代租赁的种类很多,通常按其性质分为经营性租赁和融资性租赁。

(1) 经营性租赁

经营性租赁是由出租人向承租人提供租赁设备,并提供设备维修保养和人员培训等服务的租赁业务,它是一种服务性业务,通常为短期租赁。经营性租赁的租金包括租赁资产的购买成本、租赁期间费用。

(2) 融资性租赁

融资性租赁是由租赁公司按照承租方的要求融资购买设备,并在契约或合同规定的较长期限内提供给承租企业使用的信用性业务,它是现代租赁的主要类型。融资性租赁的租金包括设备价款和租息,租息又可分为租赁公司的融资成本、租赁手续费等。

2. 租金的计算

(1) 租金的支付方式

租金的支付方式很多,一般而言,租金支付次数越多,每次支付的金额就越小。支付租金的方式主要有:

按支付间隔期,分为年付、半年付、季付和月付;

按在期初或期末支付,分为先付和后付;

按每次是否等额支付,分为等额支付和不等额支付。

(2) 租金的计算方法

① 定期等额后付租金的计算:后付租金的方式实际上是已知现值的普通年金的计算公式。

$$PV = A \times \frac{1-(1+i)^{-n}}{i}$$

式中:PV——年金现值;

i——利率;

n——计息周期数;

A——年金,即每年年末等额支付的租金。

经过转换可得定期等额后付租金方式下每年年末所付租金数额 A 的计算

公式：

$$A = PV \times \frac{i}{1-(1+i)^{-n}}$$

② 定期等额先付租金的计算

$$PV = A \times \left[\frac{1-(1+i)^{-(n-1)}}{i} + 1\right]$$

经过转换可得租金 A 的计算公式：

$$A = PV \times \frac{1}{\left[\frac{1-(1+i)^{-(n-1)}}{i} + 1\right]}$$

8.3.2 筹资相关函数

1. INDEX 函数

格式：INDEX(array,row_num,column_num)

功能：使用索引从单元格区域或数组中选取值。

说明：

array 为单元格区域或数组常数。

row_num 为数组中某行的行序号，函数从该行返回数值。如果省略 row_num，则必须有 column_num。

column_num 为数组中某列的列序号，函数从该列返回数值。如果省略 column_num，则必须有 row_num。

2. IF 函数

格式：IF(logical_test,value_if_true,value_if_false)

功能：执行真假值判断，根据逻辑测试的真假值返回不同的结果。

说明：

logical_test 表示计算结果为 TRUE 或 FALSE 的任意值或表达式。

value_if_true 表示 logical_test 为 TRUE 时返回的值。如果 logical_test 为 TRUE 而 value_if_true 为空，则本参数返回 0。

value_if_false 表示 logical_test 为 FALSE 时返回的值。如果 logical_test 为 FALSE 且忽略了 value_if_false（即 value_if_true 后没有逗号），则返回逻辑值 FALSE。如果 logical_test 为 FALSE 且 value_if_false 为空（即 value_if_true 后有逗号，并紧跟着右括号），则本参数返回 0。

注意：

函数 IF 可以嵌套七层，用 value_if_false 及 value_if_true 参数可以构造复杂的检测条件。

8.3.3 建立租赁筹资模型

1. 租赁分析

2. 建立租赁筹资模型的一般步骤

（1）建立租赁筹资分析模型。

（2）建立图形控制项按钮。

打开"视图"菜单，选择"工具栏/窗体"命令，即可显示"窗体"工具栏。

① 建立"设备名称"项目下的下拉控制项。

② 建立"每年付款次数"微调控制项。

③ 设置"租金年利率"滚动条。

④ 设置"租赁期限"微调控制项。

⑤ 设置模型中其他单元格的公式。

3. 租赁筹资分析模型的应用

当租赁筹资分析模型建好以后，财务管理人员可通过单击"设备名称"的下拉列表框选择要分析的租赁设备，通过调整租赁期限、每年付款次数和租金年利率三个项目的数值来计算所选租赁设备应付租金数额，并且由于在公式中定义了单元格链接，所以，即使租赁公司提供的设备某些参数发生改变，该模型会自动调整相应的计算结果，这样，给财务管理人员在选择租赁筹资决策时带来很大方便。

8.4 租赁筹资与借款筹资方案比较分析模型设计

长期借款和租赁都是企业融资的途径。在企业的日常管理中，到底应该选择哪一种筹资方式是财务管理人员必须要考虑的问题。借款可以购买资产，租赁可以获得资产的使用权，到底哪一种方式最适合本单位，为了解决这一问题，可在Excel中建立租赁筹资和长期借款筹资成本比较分析模型，给财务管理人员的实际工作提供便利。可以采用净现值的分析方法，分别计算出各自的税后现金流量，然后把它们转换成现值，选择成本现值较小的方案进行筹资。

8.4.1 租赁方案现金流量表的建立

1. 建立租赁筹资现金流量表基本模型

2. 定义模型中各项目的勾稽关系

$$避税额 = 租金支付额 \times 所得税税率$$
$$税后现金净流量 = 租金支付额 - 避税额$$
$$现值 = 租赁现金净流量/(1+贴现率)^n \quad n = 租赁期限$$

3. 定义模型中各有关单元格的公式
(1) 租金支付额。
(2) 避税额。
(3) 税后净现金流量。
(4) 净现值。

8.4.2 举债方案现金流量表的建立

1. 建立举债筹资现金流量表基本模型

2. 定义模型中各项目的勾稽关系

$$前期期末余额 = 本期期初余额$$
$$本期利息 = 本期期初余额 \times 利率$$
$$本期偿还本金 = 本期偿还金额 - 本期利息$$
$$本期期末余额 = 本期期初余额 - 本期偿还本金$$
$$避税额 = (每期偿还利息 + 折旧额) \times 所得税税率$$
$$税后净现金流量 = 本期还款额 - 避税额$$
$$现值 = 每期净现金流量/(1+贴现率)^n \quad n = 租赁期数$$
$$借款成本总现值 = 各期税后净现金流量的现值之和$$

3. 定义模型中各有关单元格的公式

(1) 总还款次数。
(2) 每期偿还金额。
(3) 还款额。
(4) 期初所欠本金。
(5) 偿还本金。
(6) 偿还利息。
(7) 折旧额。
(8) 避税额。
(9) 净现金流量。
(10) 现值。

第 9 章 投资决策

本章学习目标

本章主要讲解有关投资决策的相关知识，介绍利用 Excel 建立相应投资分析模型，以帮助财务管理人员提高决策效率。通过本章学习，读者应掌握以下内容：

Excel 提供的有关投资决策分析函数的使用。

采用不同方法建立投资决策模型。

投资风险分析模型的建立。

9.1 投资决策方法

与投资有关的决策称为投资决策，即对各种投资方案进行分析、评价、选择，最终确定一个最佳投资方案的过程。按照是否考虑资金的时间价值、经济效果进行分析、评价，评价方法可分为静态评价法(简单法)和动态评价法(贴现法)。

9.1.1 简单法

简单法是在评价企业投资活动的经济效果时不考虑资金时间价值的一种评价方法，它所使用的经济指标主要有投资回收期、投资收益率等。

1. 投资回收期

投资回收期是指以项目的净收益回收总投资所需要的时间。它是反映投资项目财务上偿还的真实能力和资金周转速度的重要指标，一般情况下越短越好。

当原始投资是一次投入，每年现金净流量相等时：

$$投资回收期 = \frac{原始投资额}{每年现金净流量}$$

当原始投资是分年投入或每年的现金净流量不相等时：

$$\sum_{t=1}^{n} I_t = \sum_{t=1}^{n} O_t$$

式中：t——期数；

I_t——第 t 年的现金流入量;

O_t——第 t 年的现金流出量;

n——投资回收期。

投资回收期法的判别准则是设定一个基准投资回收期 N,当 $n \leqslant N$ 时,该方案可以考虑;当 $n > N$ 时,该方案不可行。

2. 投资收益率

投资收益率指项目方案产生生产能力后,在正常生产年份内,年净收益与投资总额的比值,它反映项目投资支出的获利能力。其计算公式为:

$$投资收益率 r = \frac{年平均净收益}{投资总额}$$

投资收益率的判别准则是设定一个基准投资收益率 R,当 $r \geqslant R$ 时,该方案可以考虑;当 $n < R$ 时,该方案不可行。

9.1.2 贴现法

贴现法是在评价投资活动的经济效果时,考虑资金时间价值的一种方法,它所使用的主要评价指标有净现值、净现值指数、内含报酬率等。

1. 净现值

净现值(NPV)是指方案投入使用后的未来报酬,按资金成本或企业要求的报酬率折算且总现值超过初始投资的差额。它考虑了方案整个计算期内各年现金流量的时值,使各种不同类型现金支出和收入的方案具有可比性。

净现值的计算公式为:

$$NPV = \sum_{t=1}^{n} \{NCF_t \div (1+K)^t\} - 投资额$$

式中:n——投资方案的分析计算期;

NCF_t——第 t 年净现金流量;

K——目标收益率或贴现率。

净现值法的判别标准是:若 $NPV = 0$,表示方案实施后的投资贴现率正好等于事先确定的贴现率,方案可以接受;若 $NPV > 0$,表示方案实施后的经济效益超过了目标贴现率的要求,方案较好;若 $NPV < 0$,则经济效益达不到既定要求,方案应予以拒绝。

2. 净现值指数

净现值指数(PVI)是投资方案未来现金流量按资金成本或要求的投资报酬

率贴现的总现值与初始投资额现值之比。其计算公式为：

$$PVI = \frac{未来现金流量总现值}{初始投资现值}$$

如果 $PVI \geqslant 1$，方案可取。$PVI \geqslant 1$ 与 $NPV \geqslant 0$，$PVI < 1$ 与 $NPV < 0$，实质完全相同。通常情况下，用净现值指数作为净现值的辅助指标，两者根据具体情况结合使用。

3. 内含报酬率

内含报酬率（IRR）是指一个投资方案在其寿命周期内，按现值计算的实际投资报酬率。根据这个报酬率，对方案寿命周期内各年现金流量进行贴现，未来报酬的总现值正好等于该方案初始投资的现值。因此，内含报酬率是使投资方案的净现值为零的报酬率。其计算公式为：

$$\sum_{t=1}^{n}[NCF_t \div (1+IRR)^t] = 0$$

在内含报酬率指标的运用中，任何一项投资方案的内含报酬率必须以不低于资金成本为限度，否则方案不可行。

9.1.3 投资决策模型的内容

1. 投资回收期模型

投资者根据不同投资方案计算出各方案的投资回收期，依据投资回收期的长短确定最优投资方案——投资回收期越短，方案越优。

2. 净现值模型

利用该模型，投资者可以根据不同投资方案计算出各方案的净现值及净现值指数，依据净现值及净现值指数的大小确定最优方案——净现值大于 0，方案可行，并且数值越大，方案越优。

3. 内含报酬率模型

利用该模型，投资者根据不同的投资方案计算出各方案的内含报酬率及修正内含报酬率，依据内含报酬率及修正内含报酬率的大小确定最优投资方案——内含报酬率及修正内含报酬率高于资金成本，方案可行，并且数值越高，方案越优。

4. 投资风险分析模型

利用该模型，投资者可以根据不同投资方案的风险程度及投资经济效益的对比，科学地确定最优投资方案。

9.2 投资决策模型

9.2.1 投资回收期法模型

用投资回收期法建立投资决策模型,就是要建立投资回收期表和计算投资回收期公式,将具体示例的数据输入到表中,利用 Excel 的计算功能和函数功能计算出各方案的投资回收期,依据投资回收期的长短,选定最优方案。

(1) 新建一个工作簿,将其命名为"投资决策分析.xls",选定 Sheet1 工作表,命名为"投资回收期分析模型",并定义投资回收期分析模型表的基本结构。

(2) 分析表中各项目间的勾稽关系。

$$\text{第 } t \text{ 年的累计金额} = \sum \text{净流量}$$

第 t 年的未收回金额 = 投资额 − 第 t 年的累计金额 = 投资额 − 净流量

投资年 = 从第一年开始计算未收金额大于 0 的年数

(3) 根据表中各项目间的勾稽关系定义有关单元格公式。

① 各方案累计收回投资额和未收回投资额。
② 各方案投资回收期的整数年。
③ 各方案投资回收期的小数年。
④ 计算各方案总的投资回收期。

尽管投资回收期法简便、易懂,能促进企业尽快收回资金,但也存在以下明显缺陷:

(1) 它只反映投资回收速度,不能反映投资的经济效益。
(2) 对使用寿命期不同、资金投入时期不同和提供盈利总额不同的方案缺乏优选能力。
(3) 不考虑货币时间价值。

9.2.2 净现值法模型

1. NPV 净现值函数

格式:NPV(rate,value1,value2,…)

功能:在未来连续期间的现金流量 value1、value2 等,以及贴现率 rate 的条件下返回该项投资的净现值。

说明:

(1) value1、value2、…所属各期间的长度必须相等,而且支付及收入的时间都发生在期末。

（2）NPV按次序使用value1、value2、…来注释现金流的次序，所以一定要保证支出和收入的数额按正确的顺序输入。

（3）如果参数是数值、空白单元格、逻辑值或表示数值的文字表达式，都会计算在内；如果参数是错误值或不能转化为数值的文字则被忽略。

（4）NPV假定投资开始于value1现金流所在日期的前一期，并结束于最后一笔现金流的当期。NPV依据未来的现金流计算。如果第一笔现金流发生在第一个周期的期初，则第一笔现金必须添加到NPV的结果中，而不应包含在values参数中。

2. 净现值法分析模型设计

用净现值法建立投资决策模型就是要建立净现值和净现值指数的计算公式，将具体数据输入到模型表中，利用Excel提供的函数和计算功能计算出各方案净现值和净现值指数的大小，从而确定最优投资方案。

（1）定义模型有关项目间的勾稽关系

$$净现金流量 = 现金流入(收入) - 现金支出(投资)$$

$$净现值指数 = \frac{净现金流量现值}{投资总额现值}$$

（2）确定模型中各有关单元格的公式

一般情况下，当用净现值法分析投资决策时，净现值指标和净现值指数指标需要配合使用才能更准确地说明问题。

9.2.3 内含报酬率法模型

用内含报酬率法模型分析投资决策要建立内含报酬率和修正内含报酬率的计算公式，将具体数据输入到模型表中，利用Excel提供的函数和计算功能计算出各方案的内含报酬率和修正内含报酬率，依据其值的大小进行比较，从而确定最优方案。

1. 内含报酬率函数

格式：IRR(values,guess)

功能：返回连续期间的现金流量的内含报酬率。

说明：

（1）values为数组或单元格的引用，包含用来计算内部收益率的数字。

values必须包含至少一个正值和一个负值，以计算内部收益率。IRR根据数值的顺序来解释现金流的顺序，故应确定按需要的顺序输入支付和收入的数值。

如果数组或引用包含文本、逻辑值或空白单元格,这些数值将被忽略。

(2) guess 为对 IRR 计算结果的估计值。Excel 使用迭代法计算 IRR。从 guess 开始,IRR 不断修正收益率,直至结果的精度达到 0.00001%。如果 IRR 经过 20 次迭代仍未找到结果,则返回错误值 #NUM!。在大多数情况下,并不需要为 IRR 的计算提供 guess 值。如果省略 guess,假设它为 0.1(10%)。如果函数 IRR 返回错误值 #NUM!,或结果没有靠近期望值,可以给 guess 换一个值再试一下。

2. 修正内含报酬率函数(MIRR)

格式:MIRR(values,finance_rate,reinvest_rate)

功能:返回某连续期间现金流量的修正后的内含报酬率。

说明:

(1) values 为一个数组,或对数字单元格区的引用。这些数值代表着各期支出(负值)及收入(正值)。参数 values 中必须至少包含一个正值和一个负值,才能计算修正后的内含收益率,否则 MIRR 会返回错误值 #DIV/0!。如果数组或引用中包括文字串、逻辑值或空白单元格,这些值将被忽略;但包括数值零的单元格计算在内。

(2) finance_rate 为投入资金的融资利率。

(3) reinvest_rate 为各期收入净额再投资的收益率。

(4) MIRR 根据输入值的次序来注释现金流的次序,所以,务必按照实际顺序输入支出和收入数额,并使用正确的正负号(现金流入用正值,现金流出用负值)。

3. 内含报酬率法投资决策分析模型

通过计算并比较不同投资方案的内含报酬率和修正内含报酬率,选择二者数值高者为最优方案。

9.3 投资风险分析模型

9.3.1 风险与风险报酬

决策按其所涉及的变量值的确定性程度可分为确定性决策、风险决策和不确定性决策。

确定性决策是指决策所涉及的变量值是一个确定的数值,是事先可以确切知道的,并且它对决策结果的影响也是确切的。风险决策是指事先可以知道决策所涉及的所有可能出现的变量值,以及每一变量值出现的概率。不确定性决策是指事先不知道或不完全知道决策所涉及的所有可能出现的变量,或者虽然知道各种变量可能出现的值,但不知道它们出现的概率。后两种决策统称为风险决策。

9.3.2 风险调整贴现率法的含义

将与特定投资项目有关的风险报酬加入到资金成本或企业要达到的报酬率中,构成按风险调整的贴现率,并据以进行投资决策分析的方法,称为风险调整的贴现率法。

其计算公式为:

$$K = i + b \times Q$$

式中:K——调整贴现率;

i——无风险贴现率;

b——风险报酬斜率;

Q——风险程度。

1. 确定风险程度 Q

利用统计学中的标准差法测算风险,投资方案现金净流量的标准差越大,说明其离散趋势越大,风险越大;反之,说明该投资方案离散趋势较小,风险也小。

(1) 计算现金净流量期望值 E

现金净流量期望值是某期各种可能的现金净流量按其概率进行加权平均得到的现金净流量,它的计算公式为:

$$E = \sum_{i=1}^{n} CFAT_i \times P_i$$

式中:$CFAT_i$——第 i 期可能的现金净流量;

P_i——第 i 种可能现金净流量的概率;

n——可能现金净流量的个数。

(2) 计算各期现金净流量期望值的现值 EPV

$$EPV = \frac{E_1}{(1+i)} + \frac{E_2}{(1+i)^2} + \cdots + \frac{E_i}{(1+i)^n}$$

式中:EPV——各期现金净流量期望值的现值;

E_i——第 i 期的现金净流量期望值;

i——无风险贴现率。

(3) 计算各期现金净流量标准离差 d

标准离差是各种可能的现金净流量偏离期望现金净流量的综合差异,其计算公式为:

$$d = \sqrt{\sum_{i=1}^{n}(CFAT_i - E)^2 \times P_i}$$

(4) 计算各期现金净流量综合标准离差 D

$$D = \sqrt{\sum_{t=1}^{n}\frac{d_t^2}{(1+i)^{2t}}}$$

式中:d_t——第 t 期现金净流量标准离差;
D——各期现金净流量综合标准离差。

(5) 计算标准离差率 Q

$$Q = \frac{综合标准离差}{现金流量期望值的现值} = \frac{D}{EPV}$$

2. 确定风险报酬斜率

风险报酬率 b 是直线方程 $K = i + b \times Q$ 的斜率,它反映了风险程度变化对风险调整最低报酬的影响。

3. 用风险调整贴现率计算方案的净现值

Q 和 b 确定后,风险调整贴现率 K 也就确定了,用风险调整贴现率作为计算净现值的贴现率,再根据求净现值的方法选择方案,其计算公式为:

$$EPV = \frac{E_1}{(1+K)} + \frac{E_2}{(1+K)^2} + \cdots + \frac{E_n}{(1+K)^n}$$

9.3.3 投资风险分析模型

(1) 建立基本数据区。

(2) 建立模型分析区域。

分析区域是计算各指标的工作区域,根据上述计算现金净流量期望值、标准离差、期望现值、综合标准差、风险程度、调整风险贴现率和考虑风险因素的净现值的计算公式建立分析区域。

第 10 章　日常管理

本章学习目标

本章主要讲解企业单位日常经济业务管理的相关知识,介绍利用 Excel 建立相应分析模型,以帮助财务管理人员提高管理效率。通过本章的学习,读者应掌握以下内容:

折旧函数的使用与固定资产更新决策分析模型的建立。
流动资产管理模型的建立。
销售预测模型的建立。
产品成本计划模型与产品成本分析模型的建立。
本量利分析模型及目标利润模型的建立。

10.1　固定资产管理

固定资产是指使用期限超过一年,单位价值在规定的标准以上,并且在使用过程中保持原有物质形态的资产,包括房屋及建筑物、机器设备、运输设备以及达到标准的工具和器具等。

10.1.1　固定资产管理概述

1. 固定资产管理的基本概念

(1) 固定资产的特点
① 固定资产的价值转移及补偿方式有其特殊性。
② 投资的相对集中与回收的相对分散。
③ 价值补偿与实物更新相分离。
④ 固定资产具有较长的使用寿命。
(2) 固定资产管理的基本要求
① 正确测定固定资产的需要量。
② 加强固定资产投资效益的预测分析。
③ 加强固定资产的日常管理,提高固定资产的利用效果。

④ 定期对固定资产的利用效果进行分析与评价。
⑤ 正确计提固定资产折旧。

2. 固定资产折旧方法及 Excel 提供的计算函数

(1) 平均年限折旧法 SLN

平均年限法也称直线折旧法，即将固定资产的价值均衡地分摊到每一期中。因此，每年提取的折旧金额是相等的。目前，我国工业企业的固定资产折旧计算公式大多数采用这种方式，其计算公式如下：

$$年折旧金额 = \frac{(固定资产原值 - 预计残值)}{折旧年限}$$

公式中的预计残值已经考虑到报废时的清理费用中。

或者采用相对比率，即

$$年折旧率 = \frac{(1 - 预计残值率)}{折旧年限}$$

如果采用月折旧金额，则

$$月折旧金额 = 固定资产原值 \times \left(\frac{年折旧率}{12}\right)$$

在 Excel 中可以使用函数 SLN()计算平均年限法的折旧额，其函数格式如下：
SLN(cost, salvage, life)

其中，参数 cost 代表资产的原始价值；

参数 salvage 代表在折旧期末时的净残值；

参数 life 代表固定资产的折旧周期。

(2) 年数总和法 SYD

年数总和法是以固定资产的原始成本减预计残值后的余额乘以逐年递减的分数作为该期的折旧额。这个分数的分母是固定资产使用年限的年数之和；分子是固定资产尚可使用的年限。

年数总和法的年折旧计算公式如下：

$$年折旧额 = (原始成本 - 预计残值) \times \frac{尚可使用年限}{使用年限年数之和}$$

在 Excel 中可以使用函数 SYD()来计算年数总和法下的固定资产折旧额。其格式如下：
SYD(cost, salvage, life, per)

其中,参数 cost 为资产原值;

参数 salvage 为资产在折旧期末的价值(也称为资产残值);

参数 life 为折旧期限(有时也称资产的生命周期);

参数 per 为期间,其单位与 life 相同。

(3) 双倍余额递减折旧法 DDB

双倍余额递减折旧法也是一种加速折旧的方法,它在计算年折旧率时暂不考虑该固定资产在折旧期末时的残值,并且采用直线折旧法的两倍值作为其年折旧率,然后,用该年折旧率乘以该固定资产本期期初账面价值作为本期的年折旧金额,其计算公式为:

$$年折旧额 = 年初固定资产账面余额 \times 双倍直线折旧率$$

一般在最后两期已提折旧总额已经超过可折旧总额时应改用平均年限法计提折旧。

在 Excel 中,可以使用函数 DDB() 计算双倍余额递减法的折旧额,其格式如下:

DDB(cost,salvage,life,period,factor)

其中,参数 cost,salvage,life,period 的意义同上;参数 factor 是可选项,代表折旧的加速因子,它的默认值是 2,代表双倍余额递减折旧法,如果该参数取值为 3,代表 3 倍余额递减折旧法。

(4) 折旧函数分析举例(见附录)

10.1.2 固定资产更新决策模型

1. 固定资产更新决策的基本问题

(1) 决策方法

固定资产更新的时机一般取决于固定资产的技术寿命和经济寿命。

技术寿命是从时间角度看设备最合理的使用期限,具体来说,是指从设备开始使用到因技术落后而被淘汰所持续的时间。经济寿命是从经济角度看设备最合理的使用期限,具体来说,是指使一台设备的年均总费用最低的时间。

在固定资产更新决策过程中会遇到新设备的经济寿命与旧设备的剩余寿命相等和不相等两种情况。对于寿命相等情况下的决策,可采用差额分析法计算两种方案的现金流量差额,并以此计算增减的净现值或内含报酬率,以判断是否需要更新。对于寿命不相等情况下的决策,可采用年平均成本法。固定资产年平均成本是指使用年限内现金流出总量与年金现值因素的比重,即平均每年的现金流出。平均年成本法就是比较继续使用和更新的固定资产的平均年成本,以其较低者为好方案。

(2) 税后净现金流量的计算

折旧具有抵税的作用,考虑所得税因素后,现金流量的计算方法有三种。

① 根据现金流量的定义计算。

$$营业净现金流量 = 营业收入 - 付现成本 - 所得税$$

② 根据年末营业结果计算。

$$营业净现金流量 = 税后净利 + 折旧额$$

③ 根据所得税对收入和折旧的影响计算。

$$营业净现金流量 = 税后收入 - 税后成本 + 税负减少$$

2. 建立固定资产更新决策模型结构

(1) 定义现金流量表中各项目间的勾稽关系

$$税前净利 = 销售收入 - 付现成本 - 折旧额$$
$$所得税 = 税前净利 \times 所得税率$$
$$税后净利 = 税前净利 - 所得税$$
$$营业现金流量 = 税后净利 + 折旧额$$
$$现金流量 = 营业现金流量 + 终结现金流量$$

(2) 固定资产更新决策模型公式的建立

① 旧设备现金流量表公式的建立。

折旧额

税前净利

所得税

税后净利

营业净现金流量

营业净现值流量

② 新设备现金流量表公式的建立。

折旧额

税前净利

所得税

税后净利

营业净现金流量

营业净现值流量
③ 差额分析表中公式的建立。
新旧设备现金流量差额分析表
初始投资差额
销售收入差额
付现成本差额
折旧额差额
税前净利差额
所得税差额
税后净利差额
营业净现金流量差额
终结现金流量差额
现金流量差额
净现值差额

10.2 流动资产管理

流动资产是指可以在一年以内或超过一年的一个营业周期内变现或运用的资产。按实物形态进行分类,流动资产可以分为现金及各种存款、短期投资、应收及预付货款、存货等。按在生产经营过程中的作用进行分类,流动资产可以分为生产领域中的流动资产和流通领域中的流动资产。生产领域中的流动资产是指在产品生产过程中发挥作用的流动资产,如存货中的原材料、辅助材料等。流通领域中的流动资产是指在商品流通过程中发挥作用的流动资产,如商品流通企业中的流动资产及工业企业存货中的产成品、外购商品、现金等。

10.2.1 流动资产管理概述

1. 流动资产管理的基本概念

(1) 流动资产的特点
① 实物的耗费与价值的补偿具有同时性。
② 流动资产占用形态的继起性和并存性。
③ 流动资产的易变现性和资金来源的多样性。
(2) 流动资产管理的基本要求
① 认真分析,正确预测流动资产的需要量。

② 合理筹集,及时供应所需的流动资产。
③ 做好日常管理工作,尽量控制流动资产的占用量。
④ 提高资金使用效益,加速流动资金的周转。

2. 流动资产管理模型的内容

(1) 最佳现金持有量决策模型

对于不同的企业或相同企业的不同时期,利用最佳现金持有量决策模型可以及时、准确地根据持有现金的各项成本、现金总需求量等因素的变化,得到相应的最佳现金持有量,做到以最低的成本满足现金周转的需要。

(2) 最优订货批量决策模型

最优订货批量决策模型可根据不同方案对不同材料的需求量的多少、订货成本的高低、储存成本、采购成本、每日送货量、耗用量以及单价等因素的不同,运用"规划求解"工具求得相应的最优订货批量,满足存货管理的需要。

(3) 应收账款赊销分析模型

应收账款赊销分析模型运用增量分析法讨论不同的赊销策略方案可能产生的结果,即测定各种因素的变化同经济效益变化之间的关系,得到信用政策所带来的净收益。通过比较不同信用政策下的净收益,选择比较优秀的方案。

10.2.2 货币资产管理——最佳现金持有量决策模型

货币资产管理的主要目标是:

(1) 保证货币资产的收支平衡,使企业有足够的支付能力,避免由此而发生的财务危机。

(2) 保持货币资产的适度存量,提高资金的使用效益。

(3) 健全内部控制制度,保证货币资产的完整。

1. 成本分析模式模型

成本分析模式是通过分析持有现金的成本确定其目标量。企业持有货币资产的持有成本主要包括投资成本、管理成本和短缺成本。

(1) 投资成本

企业保持一定数额的现金或银行存款势必会放弃将这些资产用于其他投资所获得的收益,这是持有的代价,这种代价就是它的投资成本。

(2) 管理成本

企业持有的货币资产还会发生管理费用,如安全设施的建造、管理人员的工资等,这些费用就是货币资产的管理费用。

(3) 短缺成本

短缺成本指因缺乏必要的货币资产,不能应付业务开支所需,而使企业蒙受的损失或为此所付出的代价。

采用成本分析模式进行最佳现金持有量的计算就是先分别计算出各种方案的投资成本、管理成本、短缺成本之和,再从中选择总成本最低的持有量就是最佳持有量。

2. 存货管理模式模型

在确知有关情况下,可以利用管理存货的经济批量公式来确定企业应该保持的最佳货币资产持有量。这个模式将货币资产的置存成本同证券买卖的交易成本进行权衡,用以解决企业库存现金与银行存款的最佳存量和一定时期内有价证券的最佳变现次数问题。

按存货决策模式确定最佳现金持有量要建立在这样一些条件上:

(1) 企业一定时期内收入与耗用的货币资产均匀、稳定而且可预测。

(2) 短期有价证券的利率或报酬率可知。

(3) 每次将有价证券变现为可支付手段的货币资本的交易成本可知。

货币资产持有余额的总成本包括置存成本和交易成本。

置存成本:指企业置存现金、银行存款时丧失的将这些资金投资于证券可得的利息收入。

交易成本:指证券每次变现所花费的经纪费用等。

二者的变化方向正好相反,置存成本随货币资产余额量的增大而增大,交易成本随货币资产余额量的增大而减少。

货币资产余额总成本可用下列公式表示:

总成本 = 货币资产置存成本 + 货币资产交易成本

= 货币资产平均余额 × 有价证券利率 + 变现次数 × 有价证券每次的交易成本

$$= \left(\frac{C}{2}\right) \times r + \left(\frac{T}{C}\right) \times b$$

式中:C——货币资产余额;

r——有价证券的收益率;

T——在特定期内货币资产的总需求量;

b——有价证券的每次交易成本。

最佳现金持有量就是货币资产余额总成本为最低点的资产余额。应用数学求最大值的方法,令总成本公式对 C 的一阶导数等于 0,推导出最佳货币资产余额的计算公式为:

$$C^* = \sqrt{\frac{2bT}{r}}$$

该模型一般包括以下内容：
(1) 持有成本。
(2) 交易成本。
(3) 总成本。
(4) 使用规模求解计算最佳现金持有余额。

经过自动计算求解，将最佳货币资产余额及总成本的结果显示在相应单元格中。

10.2.3 存储决策——最优订货批量决策模型

所谓经济订货批量是指企业的生产和供应条件一定时，有关存储成本最低的采购批量。按存储量与其有关经营费用的相互关系，成本可以分为两类：一是订货成本，主要指与订货次数有关的手续费、差旅费、行政管理费和运输费等；二是存储成本，主要包括占用储备物资所支付的利息、仓库设施折旧、维修费、物资存储过程中的合理耗损等。

1. 经济批量控制基本模型

如果满足一定的假设条件：企业的存货年需要量和日消耗量是均衡的，从货物发出到货物到达所间隔的时间是固定的，且每批货物均一次到达，不考虑数量折扣以及不会发生缺货。存货的经济批量的原理是：与存货储备直接相关的两种费用，即订货费用和保管费用的变动习性不同。每一订购费用和每一种商品的单位保管费用都是常数，订购费用与订购次数成正比；保管费用与订购次数成反比。设 T 为年成本合计，即年订货成本和年储存成本之和，则：

$$T = 年订货成本 + 年储存成本$$
$$= \left(\frac{Q}{2}\right) \times C + \left(\frac{D}{Q}\right) \times K$$

式中：Q——订货批量，平均储存量相当于订货批量的 $\frac{1}{2}$；

C——单位数量存货的年储存成本；

D——货品的年度采购总量；

$\frac{D}{Q}$——订购次数；

K——每次订购的订货成本；

$\frac{Q}{2} \times C$——储存成本，即保管费用；

$\dfrac{D}{Q} \times K$ ——订货成本,即订货费用。

对上述公式求导,并令其等于零,得出:

(1) 最优订货批量 Q^*。

(2) 每年最佳订货次数 $N^* = \dfrac{D}{Q^*}$。

(3) 最佳订货周期 $t^* = \dfrac{1\,\text{年}}{N^*}$。

(4) 经济订货量占用资金 $I^* = \dfrac{Q^*}{2} \times$ 单价。

2. 经济订货批量的"陆续到货"模型

如果考虑到存货不能一次到达,各批存货可能陆续入库,使存货陆续增加。在这种情况下,经济订货批量的计算公式应作以下修改。

设:P 为每日可达到的送货量,d 为每日需用量,Q 为每期订货量。

则:$\dfrac{Q}{P}$ 为送货期,即为达到订货量所需的天数。

$\dfrac{Q}{P} \times d$ 为在送货期内的全部耗用量。

由于货品是边送边用,所以每批送完时,最高库存量为:$Q - \left(\dfrac{Q}{P}\right) \times d$

平均库存量为:$\dfrac{1}{2} \times \left[Q - \left(\dfrac{Q}{P}\right) \times d \right]$

在上述情况下,与批量有关的存货总成本可表达为:

$$T = \text{订货成本} + \text{储存成本}$$
$$= \left(\dfrac{D}{Q}\right)^* K + \dfrac{Q}{2}\left(1 - \dfrac{d}{P}\right) \times C$$

3. 考虑数量折扣陆续到货的经济订货批量模型

数量折扣是指供应商对于一次购买某货品数量达到或超过规定限度的客户,在价格上给予优待的情况。如果供应商实行数量折扣,那么,除了订货成本和储存成本外,采购成本也成为决策中的相关因素。这时,这三种成本的合计总成本最低的方案才是最优方案。考虑了存货的陆续供应与使用和数量折扣的经济订货批量模型为:

$$T = \text{订货成本} + \text{储存成本} + \text{采购成本}$$
$$= \left(\dfrac{D}{Q}\right) \times K + \dfrac{Q}{2} \times \left(1 - \dfrac{d}{P}\right) \times C + D \times U \times (1-d)$$

式中:U——采购单价;

d——数量折扣。

由此,最优订货批量 Q 为总成本 T 最低时的订货批量。

4. 建立最优订货批量分析模型

该模型一般包括以下内容:

(1) 采购成本。

(2) 储存成本。

(3) 订货成本。

(4) 总成本。

(5) 综合成本。

(6) 最佳订货次数。

(7) 最佳订货周期。

(8) 经济订货量占用资金。

(9) 使用"规划求解"计算经济订货量。

① 打开"工具"菜单,选择"规划求解"命令,显示"规划求解参数"对话框。

② 在"设置目标单元格"编辑框中输入综合成本所在的单元格。

③ 在"等于"选项中,选择"最小值"。

④ 在"可变单元格"编辑框中输入订货批量。

⑤ 单击"添加"按钮,增加约束条件。

⑥ 单击"求解"按钮,经过计算,求出最优订货批量 Q。

10.2.4 应收账款管理模型

应收账款是指企业因出售商品、物资和提供劳务而获得的向购货单位收取货款的权利和因其他经济关系应向有关单位收取的款项,包括应收票据、应收账款、其他应收款、预付货款和待摊费用等。

要讨论不同的赊销策略方案可能产生的结果,首先应该测定各种因素的变化同经济效益变化之间的关系。在制定赊销策略时,将各种相关因素在一定程度上放宽或收紧,然后考虑企业销售收入和成本的相应变化,这种方法称为增量分析法。如果增量分析的结果为正则方案可行,否则方案不可行。

增量分析的基本公式为:

(1) 信用标准变化对利润的影响

$$\delta P = 新方案销售额增减量 \times 销售利润率$$

(2) 信用期限变化对应收账款机会成本的影响

$$\delta I = \Big(\frac{新方案平均收账期-原方案平均收账期}{360}$$

$$\times \frac{原方案销售额+新方案平均销售额}{360} \times 新方案增减销售额\Big)$$

$$\times 应收账款机会成本$$

(3) 信用标准变化对坏账损失的影响

$$\delta K = 新方案销售额增减量 \times 新方案增加销售额的坏账损失率$$

(4) 现金折扣变化

$$\delta D = (原方案销售额+新方案增减销售额) \times D \times 新方案的现金折扣率$$

式中：D——新方案取得现金折扣的销售额占总销售额的百分比。

(5) 赊销策略变化带来的净收益

$$Pm = \delta P - \delta I - \delta K - \delta D$$

10.3 销售管理

10.3.1 销售流向分析模型

1. 基础数据的获取

(1) 集中式财务管理下基础数据的获取

如果企业是集中式财务管理，那么各销售网点将定期传递其销售数据至集团总部的中心数据库。此时，获取销售流向分析模型的基础数据有两种方法。

① 利用 Microsoft Query 从外部数据库中获取数据。

操作步骤为：

打开"数据"菜单，选择"获取外部数据"命令，从其级联菜单中单击"新建数据库查询"命令。

选择中心数据库中的销售汇总文件，获取所需数据。

② 利用数据透视表技术从外部数据库中获取数据。

打开"数据"菜单，单击"数据透视表和图表报告"命令，打开"数据透视表和数据透视图向导步骤——3 步骤之 1"对话框。

单击"外部数据源"按钮，按照向导的提示，从外部数据库中获取数据。

(2) 分散式财务管理下基础数据的获取

如果企业是分散式财务管理,那么,各销售网点的销售数据保存在当地的数据库中。此时,各销售网点可将销售数据转化为 Excel 表数据或 TXT 文件数据,通过电子邮件发送到集团总部的销售分析模型中。如果各销售网点都有自己的销售数据页面,也可通过建立 Web 查询方式获取所需数据。

建立 Web 查询步骤:

① 打开"数据"菜单,选择"获取外部数据",从其级联菜单中单击"新建 Web 查询"命令。

② 输入目标数据库所在的 Web 地址,选择目标数据所在 Web 页的具体部分。

③ 单击"确定"按钮。

④ 在出现的"将外部数据返回给 Microsoft Excel"对话框中确定数据的放置位置。

⑤ 单击"确定"按钮,即可获得所需数据。

2. 按地区进行销售流向分析

(1) 对销售明细清单按地区进行排序

① 选定数据清单中任意一单元格,打开"数据"菜单,选择"排序"命令,打开"排序"对话框。

② 在"主要关键字"选项下选择相应字段,单击"确定"按钮。

(2) 对销售明细清单进行分类汇总

① 选定数据清单中的任意一单元格,单击"数据"菜单,选择"分类汇总"命令。

② 在打开的"分类汇总"对话框中,确定"分类字段"、"汇总方式"、"选定汇总项"。

③ 单击"确定"按钮。

10.3.2 销售业绩分析模型

销售业绩分析模型是利用数据透视表对各个销售网点的销售数据进行重新组合,按照管理需要进行各种目标的统计和分析。

(1) 在"销售明细清单"工作表中打开"数据"菜单,选择"数据透视表和图表报告"命令,打开"数据透视表和数据透视图向导步骤——3 步骤之 1"对话框,在该对话框中分别单击"请指定待分析数据的数据源类型"选项中的"Microsoft Excel 数据清单或数据库"子选项和"所需创建的报表类型"选项中的"数据透视表"子选项,然后单击"下一步"。

（2）在打开的"数据透视表和数据透视图向导步骤——3步骤之2"对话框中选定单元格。

（3）在打开的"数据透视表和数据透视图向导步骤——3步骤之3"对话框中选择数据透视表存放的位置。

（4）单击"版式"按钮，进入"数据透视表和数据透视图向导——版式"对话框。

（5）在"版式"话框中，将相应字段按钮拖动到"页"区域、"行"区域、"列"区域、"数据"区域。

（6）在"数据透视表和数据透视图向导步骤——3步骤之3"对话框中单击"完成"按钮。

10.4 成本管理

产品成本是指制造业企业在一定时期内为制造一定数量产品所支出的全部费用的总和，根据成本管理要求，可分为单位产品成本和产品总成本。从财务分析与管理的角度看，产品成本是制造业企业在一定时期内为制造一定数量产品所发生的资金耗费量。

10.4.1 成本管理概述

1. 产品成本管理要求

（1）正确处理成本与产量和质量之间的关系。

（2）正确划分各种费用支出的界限，保证成本计算的正确性。

成本管理中应该划清以下几方面的界限：

① 收益支出与资本支出的界限。

② 收益支出与营业外支出的界限。

③ 产品制造成本与当期期间费用的界限。

④ 本期产品成本与下期产品成本的界限。

（3）加强成本管理的基础工作。

① 健全有关成本的各项原始记录，保证产品成本计算的准确性。

② 加强定额管理，提高成本计划和成本分析的质量。

③ 加强计量、验收和物资收发领退的管理，防止浪费。

④ 制定厂内的计划价格，以加强全面成本管理责任制。

2. 成本管理模型的内容

（1）产品成本计划模型

利用成本计划模型,用户可以迅速编制主要产品单位成本计划和全部产品成本计划(按产品类别或按成本项目),为成本控制与成本分析提供依据。

(2) 产品成本分析模型

利用成本分析模型,用户可以方便、准确地进行全部产品成本分析、可比产品成本分析、主要产品单位成本分析,客观地对成本计划与控制进行总结,并为下期成本预测与计划提供切实的可比资料,同时为企业经济效益的考核从成本方面提供各种可靠的资料。

10.4.2 产品成本计划模型

根据企业是否实行一级核算或分级核算,成本计划的编制分为一级成本计划方法和多级成本计划方法。

一级成本计划是指企业财务管理部门会同各个业务部门根据确定的各项消耗定额和有关成本计划资料,按成本项目的编制形式,采用一定的成本计算方法,直接计算或确定各种主要产品的计划单位成本,并在此基础上汇总编制全部产品成本计划的计划表。

(1) 建立资料。

(2) 确定模型中相应单元格的公式。

10.4.3 产品成本分析模型

1. 全部产品成本分析模型

全部产品成本分析指实际成本水平与计划成本水平的比较,其分析计算的基本指标如下:

$$\text{全部产品成本相对于计划水平的降低额} = \text{全部产品实际产量按计划单位成本计算的总成本} - \text{全部产品实际产量按实际单位成本计算的总成本}$$

$$\text{全部产品成本相对于计划水平的降低率} = \frac{\text{全部产品成本相对于计划水平的降低额}}{\text{全部产品实际产量按计划单位成本计算的总成本}} \times 100\%$$

其中: 总成本 = 单位成本 × 产量

总成本降低额 = 按计划计算的总成本 − 按实际计算的总成本

$$\text{总成本降低率} = \frac{\text{总成本降低额}}{\text{计划总成本}}$$

全部产品总成本 = 可比产品总成本 + 不可比产品总成本

产品成本分析模型一般包括以下内容:

(1) 按计划成本计算的总成本。
(2) 按实际成本计算的总成本。
(3) 降低额。
(4) 降低率。
(5) 全部产品总成本。

2. 可比产品成本分析模型

可比产品成本分析是指对可比产品成本降低计划完成的分析,即对产品产量、产品结构和单位产品成本三大因素对成本计划完成的影响进行分析。

模型中诸因素对成本计划要求影响的公式建立如下:

(1) 产量因素的影响

① 产量因素影响的降低额 = ($\sum$ 产量按上年单位成本计算的总成本 − $\sum$ 计划产量按上年单位成本计算的总成本)× 计划成本降低率

② 单纯的产量因素对成本降低率无影响。

(2) 结构因素的影响

① 结构因素影响的降低额 = ($\sum$ 实际产量按上年单位成本计算的总成本 − $\sum$ 实际产量按计划单位成本计算的总成本) − (实际产量按上年单位成本计算的总成本 × 计划成本降低率)

② 结构因素影响的降低率 = $\left(\dfrac{\text{结构因素影响的超计划降低额}}{\sum \text{实际产量按上年单位成本计算的总成本}} \right) \times 100\%$

(3) 单位产品成本因素的影响

① 单位产品成本因素影响的降低额 = $\sum$ 实际产量按计划单位成本计算的总成本 − $\sum$ 实际产量按实际单位成本计算的总成本

② 单位产品成本因素影响的降低率 = $\left(\dfrac{\text{单位产品成本因素影响的降低额}}{\sum \text{实际产量按上年单位成本计算的总成本}} \right) \times 100\%$

(4) 超计划完成部分的影响

① 超计划完成部分的成本降低额 = $\sum$ 实际完成的降低额 − $\sum$ 计划完成的降低额

② 超计划完成部分的成本降低率 = $\sum$ 实际完成的降低率 − $\sum$ 计划完成的降低率

3. 主要产品单位成本分析模型

对主要产品单位成本的分析能够直接反映和评价成本管理中基础工作的质量,并且也能将总成本分析所产生的概括性资料分解为各种具有实用性的、能够直接说明某环节问题的分析数据。

(1) 直接材料成本项目的分析

材料成本受材料单价和材料消耗量两个因素的影响。材料项目分析评价的侧重点是消耗因素。

(2) 直接人工成本项目的分析

产品成本中的直接人工成本指直接生产产品的工人的工资及按工资比例计提的福利费。生产工人工资报酬在采用计时工资制的情况下,单位产品成本中的直接人工成本的形式如下所示:

单位产品直接人工成本 = 单位产品工时耗费 × 每工时分配率

(3) 制造费用或其他费用类项目成本的分析

单位产品成本所承担的制造费用或其他一般费用作为间接成本通常以生产工时为标准计入各产品成本中,计算公式如下:

单位产品应承担的制造(或其他)费用 = 单位产品工时消耗 × 单位工时费用分配率

对主要产品单位成本分析的过程,其实质是按成本项目进行量差分析(材料消耗、工时消耗等)和价差分析(材料单价、单位工时工资分配率、单位工时费用分配率等)。两大类因素交叉关系的计算原则是"量差×计划价格,价差×实际数量"。

主要产品单位成本分析模型中各项目之间的关系为:

材料成本 = 材料消耗量 × 材料单价
成本差异额 = 按实际计算的材料成本 − 按计划计算的材料成本
量差 = (实际材料消耗量 − 计划材料消耗量) × 计划材料单价
价差 = (实际材料单价 − 计划材料单价) × 实际材料消耗量

10.5 利润管理

企业的利润主要指利润总额和净利润。利润总额包括营业利润、投资净收益、营业外收支净额以及补贴收入、以前年度损益调整等。净利润是指企业缴纳所得税后形成的利润,是企业所有者权益的组成部分。

从会计角度出发,企业利润主要受销售收入和销售成本两大因素影响,而销售收入取决于产品销售价格和销售数量两个因素,销售成本按成本习性可分为变动成本和固定成本。因此,当企业产销一种产品时,影响企业利润的因素涉及销售价格、销售数量、变动成本和固定成本四个方面。如果企业产销多种产品,影响利润的因素除上述四个之外还包括产品结构因素。

10.5.1 利润管理概述

1. 利润管理基本概念

量本利分析,即成本—数量—利润分析,是通过数学分析和图示分析等形式对销售数量、销售单价、变动成本、固定成本等因素与利润指标的内在联系进行研究,以协助管理者进行项目规划和期间计划的预测分析方法。

(1) 量本利分析法的基本假设

① 假设能够将企业的所有成本都按照成本习性精确地划分为变动成本和固定成本。

② 假设销售单价和销售结构在相关范围内保持不变。

③ 假设企业的生产能力和生产效率在相关范围内保持不变。

④ 假设企业当期的产销量基本平衡,存货水平保持不变。

(2) 量本利的基本关系式

$$\begin{aligned}利润 &= 销售收入 - 总成本 \\ &= 销售收入 - 销售成本 - 期间费用 \\ &= 边际贡献 - 固定成本 \\ &= 销售量 \times (销售单价 - 单位变动成本) - 固定成本\end{aligned}$$

(3) 盈亏平衡分析

盈亏平衡又称为损益平衡,它是指企业当期销售收入与当期成本费刚好相等、不亏不盈的状态。因此保本的基本公式为:

$$\begin{aligned}销售收入 &= 销售成本 + 期间费用 \\ &= 变动成本 + 固定成本\end{aligned}$$

边际贡献指产品销售收入超过变动成本以后的余额,它反映了产品的初步盈利能力和数额,其基本关系式为:

$$单位边际贡献 = 销售单价 - 单位变动成本$$

$$边际贡献总额 = 销售收入总额 - 变动成本总额$$

$$= 销售量 \times 单位边际贡献$$

$$边际贡献率 = \frac{边际贡献总额}{销售收入总额}$$

$$= \frac{单位边际贡献}{销售单价}$$

由于边际贡献是用来补偿固定成本的,补偿后的余额为最终利润,因此在盈亏平衡即利润为 0 时,可得到另一个保本公式:

$$边际贡献 = 固定成本$$

由此得到公式:

$$销售量 \times (销售单价 - 单位变动成本) = 固定成本$$

盈亏平衡分析是研究企业销售收入与当期成本费用的平衡关系,并对达到盈亏平衡状况的业务量进行规划,即测算保本点,也就是计算盈亏平衡时的销售数量或销售金额。

由上面的公式推出:

$$保本销售量 = \frac{固定成本}{单价 - 单位变动成本}$$

$$= \frac{固定成本}{单位边际贡献}$$

$$保本销售额 = 保本销售量 \times 销售单价$$

$$= \frac{固定成本}{边际贡献率}$$

(4) 目标利润分析

$$目标利润 = 销售量 \times (销售单价 - 单位变动成本) - 固定成本$$

$$实现目标利润的销售量 = \frac{目标利润 + 固定成本}{销售单价 - 单位变动成本}$$

$$= \frac{目标利润 + 固定成本}{单位边际贡献}$$

$$\text{实现目标利润的销售额} = \frac{\text{目标利润} + \text{固定成本}}{\text{边际贡献率}}$$

2. 利润管理模型的内容

(1) 单一产品量本利分析——多因素变动分析模型。

(2) 多种产品量本利分析模型。

10.5.2 单一产品量本利分析——多因素变动分析模型

量本利分析法是研究成本、利润和业务量(包括生产量、销售量等)之间关系的一种重要方法。在单一产品的产销中应用量本利分析法可以进行盈亏平衡分析、单因素变动对利润影响的分析、多因素变动对利润影响的分析等。

1. 单一产品量本利分析模型设计步骤

(1) 建立基本数据区

在此区域设置销售单价、销售数量、固定成本、单位变动成本等基本数据。

(2) 建立多因素变动分析区

多因素变动分析是指量本利发生变化时相互影响的定量分析,即研究销售数量、单价、成本等单一因素发生变化时对利润的影响和多个因素同时发生变化时对利润的影响及其影响程度。

① 为各个因素建立"滚动条"控件。

② 建立计算公式。

$$\text{利润} = \text{销售量} \times (\text{销售单价} - \text{单位变动成本}) - \text{固定成本}$$

$$\text{保本销售量} = \frac{\text{固定成本}}{\text{单价} - \text{单位变动成本}}$$

考虑多因素变动影响,保本点单元格的公式为:

$$\text{保本销售量} = \text{固定成本} \times \left[\frac{1 + \text{固定成本变动率}}{\text{销售单价} \times (1 + \text{销售单价变动率}) - \text{单位变动成本} \times (1 + \text{单位变动成本变动率})} \right]$$

考虑多因素变动影响,预计利润的公式为:

$$\text{预计利润} = [\text{销售单价} \times (1 + \text{销售单价变动率}) - \text{单位变动成本} \times (1 + \text{单位变动成本变动率})] \times \text{销售数量} \times (1 + \text{销售数量变动率}) - \text{固定成本} \times (1 + \text{固定成本变动率})$$

利润增减额 = 预计利润 － 利润

2. 多因素变动分析模型的使用

利用多因素变动分析模型可以方便、及时地分析各种因素单独变化以及多因素同时变化对利润的影响,有利于管理者进行决策。

(1) 改变单一因素对利润的影响。

(2) 改变多因素对利润的影响。

10.5.3 目标利润分析

在 Excel 中,可以利用单变量求解工具进行目标利润分析。

1. 单价的变化

(1) 打开"工具"菜单,选择"单变量求解"命令,打开"单变量求解"对话框。

(2) 在对话框中,设置"目标单元格"、"目标值"、"可变单元格"。

(3) 单击"确定"按钮,显示"单变量求解状态"对话框。

(4) 单击"确定"按钮。

2. 销售量的变化

3. 固定成本的变化

4. 单位变动成本的变化

10.5.4 多种产品量本利分析模型

1. 多种产品量本利分析模型设计步骤

销售金额配合法是根据各种产品的销售额占全部销售额的比重,分别计算出全部产品保本总金额和各种产品保本金额。具体做法步骤如下。

(1) 计算销售比重

先计算出全部产品销售总额,并进一步计算出各种产品销售额占全部产品销售总额的比重,即为销售比重。

(2) 计算平均边际贡献率

计算平均边际贡献率是销售金额配合法的核心,其计算公式为:

$$平均边际贡献率 = \sum 每种产品的边际贡献率 \times 该种产品的销售比重$$

(3) 计算保本销售总额

根据平均边际贡献率,结合固定成本总额,运用保本点模型,计算出全部产品的保本销售总额。

(4) 计算出各种产品的保本销售额和保本销售量

根据各种产品的销售比重和全部产品的保本销售总额即可计算出各种产品的

保本销售额和保本销售量。

2. 多种产品量本利分析模型的建立

多种产品量本利分析模型一般包括以下内容：

（1）单位边际贡献。

（2）边际贡献率。

（3）边际贡献总额。

（4）销售收入。

（5）销售比重。

（6）加权边际贡献率。

（7）综合保本销售额。

（8）保本销售额。

（9）保本销售量。

第 11 章 利用 VBA 建立财务模型

本章学习目标

本章主要讲解 VBA 的相关知识,介绍利用 Excel 建立财务模型及利用 VBA 创建自定义函数的相关内容,使用户更加有效地使用 Excel。通过本章学习,读者应掌握以下内容:

财务模型的创建。

VBA 结构特征及语法特点。

自定义函数的建立。

11.1 创建财务模型

财务模型所包含的范围很广泛,它从基础的工作表开始,汇总开支费用,到最后创建复杂的模型,都属于财务模型的范围。当用户要设计创建一个财务模型时,需要考虑到:

(1) 能否针对企业问题来解决。

(2) 分析处理数据的过程。

(3) 将数据转换为信息的过程是否快速、正确。

(4) 要清楚地了解到问题的关键所在与变化。

11.1.1 创建简单模型

在 Excel 中可以使用目标搜索及单、双因子 What-If 分析等技术,从不同的角度进行问题的模拟与分析。

11.1.2 模型扩充

(1) 将相关数据输入到 Excel 中。

(2) 输入各单元格公式。

(3) 计算"折现因子"。其中"折现因子"的公式为:折现因子 $= \dfrac{1}{1+折现率} \times$ 期数。

11.2 利用 VBA 建立财务模型

11.2.1 VBA 程序的结构特征

1. 宏语言概述

Excel 可以广泛地应用于财务、行政、金融、经济、统计和审计等众多领域,它是一个强有力的信息分析和处理工具。这种力量的源泉之一就是它的宏语言(VBA)。利用 VBA 所提供的功能,财务管理人员可以按自动方式执行日常的管理、分析、决策任务,还可以按需要加入某些自定义功能,直至建立一个完整的财务管理应用系统。

VBA 是一种计算机编程语言(第四代语言),用它提供的语句、命令可以编写包含若干指令序列的宏程序,它可以指挥 Excel 应该进行哪些工作。

宏程序是指用 VBA 提供的各种函数、语句、对象、方法和属性等编写的程序,在 Excel 中也称为过程。过程是在 VBA 模块中一个可执行的 VBA 程序代码块,过程由程序代码序列组成,这些代码序列组合在一起可以完成某项任务。

VBA 中的过程主要可分为两类:子过程与过程函数。

(1) 子过程

子过程以 SUB 语句开始,以 END SUB 语句结束。过程可以执行某种操作,无返回值。其结构是:

SUB 过程名( )

命令序列 1

⋮

命令序列 N

END SUB

(2) 过程函数

过程函数以 Function 语句开头,以 END Function 语句结束,可以有返回值。其结构是:

Function 函数名(参数……)

命令序列 1

⋮

命令序列 N

End Function

2. 宏程序结构与宏程序举例

宏程序是程序语言,所以它也有程序结构。

(1) 顺序结构

在正常状况下,宏程序的执行是以"Excel 顺序"方式进行的,即由上而下逐一执行。用"Excel 宏记录器"记录经常性工作时,它也是"Excel 顺序"方式。

① 打开工作簿的工作表。

② 进入"工具"菜单栏中"宏"命令下的"Visual Basic 编辑器"。

③ 选择"插入"菜单中"宏表"命令下的"模块表"命令,Excel 就会在工作簿中增加一张宏表,并自动命名 MODEL1。

④ 选择 MODEL1 宏表输入宏程序。

(2) 条件结构

如果需要对默认条件进行测试,然后根据测试的结果进行不同的操作,就要使用条件结构。

语法:

IF…

THEN…

注意:在单行的 IF…THEN 语句中不使用 End IF 语句。若测试的条件为 TRUE 时需要执行多行程序代码,则必须使用 IF…THEN…END IF 语句。

(3) 循环结构

语法 1:

Do While(条件)

⋮

Loop

语法 2:

FOR counter=start TO end [Step increment]

⋮

NEXT [counter]

11.2.2　VBA 语法的特点

Excel 的众多对象之间是相互关联的,构成了一个有机的整体。其中 Application 对象位于最上层,代表了整个 Excel 应用程序,包括应用程序的各种选项以及当前活动的各种对象。其下面主要有 Workbooks(工作簿集合)对象、Window(窗口)对象、Dialog(对话框)对象等。而 Workbooks 对象下面又有 Worksheets(工作表)对象、Chart(图表)对象、Window(窗口)对象、Name(名称)对象等。Worksheets 对象下面还有 Range(区域)对象、Name(名称)对象等。其中 Application 对象下面的 Window 对象与 Workbook 对象下面的 Window 对象是不同的,前者包含了 Excel 的所有窗口,而后者只包含指定工作簿中的窗口。

VBA 主要是根据用户对不同对象的操作、触发的相应事件,去激活相应的程序,通过对相关的对象执行不同的方法或是修改相关对象的属性来完成特定的工作。

Visual Basic 语言有两个基本的语法:

对象.属性

对象.方法

在对象与属性或方法之间需要用一个"."来隔开。

1. 对象.属性

用户可以将 Excel 中对象的属性内容指定给一个变量或指定对象的属性内容,这些操作的方式有:

(1) 将对象的属性内容指定给一个变量。

(2) 指定对象的属性内容。

可以指定对象的属性内容,可被用来指定对象属性的内容有下列三类:

数值内容。

字符串内容。

逻辑内容。

2. 对象.方法

11.2.3　VBA 的界面制作工具

1. 绘图工具栏

该工具栏中包括以下工具:

(1) "绘图"选项工具;选择不同的绘图工具。

(2) "自选图形":自动创建各种不同的图。

(3) 直线工具;画直线。

(4) 箭头工具;画箭头。

(5) 矩形工具;画矩形。

(6) 圆形工具;画圆及椭圆。

(7) 文字框;在任何图形对象中添加文字(文字水平排列)。

(8) 竖形文字框;在任何图形对象中添加文字(文字垂直排列)。

(9) 艺术字工具:提供各种艺术字体选项。

(10) 填充色工具:修改图形对象中的填充色。

(11) 线条颜色工具:修改图形对象中的线条颜色。

(12) 字体颜色工具:改变字体颜色。

(13)~(15) 线条修改工具:改变线条样式。

(16) 阴影工具:为图形及字体设置阴影。

(17) 三维设计:设计图形的三维效果。

2. ActiveX 控件

现在越来越多的可视化程序设计工具使得用户可以方便地在自定义的对话框中加入图形控件。Excel/VBA 也可以在工作表中直接使用各种图形化的控件。这些控件称作 ActiveX 控件,它们使得宏更容易使用。

添加一个"数值调节钮"控件。从"视图"菜单中选"工具栏"命令,单击"控件工具箱"。单击"控件工具箱"中的"数值调节钮"控件,然后在周期单元格的右侧拖拽出三个大小合适的"数值调节钮"。这时自动进入 Visual Basic 设计模式,此时的控件周围有控制柄可以拖放它们以改变控件的大小。当鼠标置于控件上时,鼠标指针会变成十字形状,可以拖放控件移动它的位置。

单击"控件工具箱"上的"属性"按钮,在出现的属性窗口中设置 Max 属性值、Min 属性值、LinkCell 属性值、SmallChange 属性值。

添加滚动条控件。先按创建数值调节钮的方法在 D3 单元格创建一个滚动条,然后设置 Max、Min、SmallChange 的属性值。

最后还需要将该工作表保护起来,使得使用者只能通过控件指定数值,而不能在单元格中直接键入数据,否则还会出现错误。

首先,把与控件相连的单元格清除,即不用控件往单元格内填值,转而用事件控制程序往单元格内填写值。单击"控件工具箱"上的"设计模式"按钮,进入"设计模式"。选定第一个滚动条,将它的 LinkCell 属性清空。再单击"查看代码"按钮,在名为 Private Sub ScrollBar1_Change()的事件控制程序中添加下述语句:

Range("C3"). Value = ScrollBar1. Value / 10000

类似地,清除"数字调节钮"和第二个滚动条的 LinkCell 属性,在 ScrollBar2_Change()事件过程中添加语句:

Range("C5"). Value = ScrollBar2. Value

在 SpinButton1_Change()事件过程中添加语句:

Range("C4"). Value = SpinButton1. Value

这些事件控制程序使得单元格中的值随着控件的变化而变化。这时可以保护工作表了。在"工程"窗口中双击 ThisWorkbook 对象,进入"代码"窗口。在 Workbook_Open()事件控制程序中加入下述语句:

Sheets("Sheet1").Protect User InterfaceOnly := True

11.2.4 自定义函数

自定义函数的结构与过程的结构非常相似,只是自定义函数的参数是必不可少的,且具有返回值。其基本结构如下所示:

Function〈函数名〉(〈参数1〉,〈参数2〉,…)

〈语句块〉

End Function

例如用 Excel 定义个人所得税计算函数。

(1) 自定义税率

打开一个工作簿后,选择"工具"/"宏"/"Visual Basic 编辑器"进入 VBA 环境中,再选择"插入"/"添加模块",在 Module－1 窗口中输入以下程序,便可以在本工作簿中使用此函数。

```
Public Function 税率(x)
If x<=0 then
税率=0
Else if x<=1500 then
税率=0.03
Else if x<=4500 then
税率=0.1
Else if x<=9000 then
税率=0.20
Else if x<=35000 then
税率=0.25
Else if x<=55000 then
税率=0.30
Else if x<=80000 then
税率=0.35
Else
税率=0.45
End if
End function
```

(2) 自定义速算扣除数函数

方法同上,在 Module2_1 中输入:

```
Public Function 扣除数(x)
If x<=1500 then
扣除数=0
Else if x<=4500 then
扣除数=105
Else if x<=9000 then
扣除数=555
Else if x<=35000 then
扣除数=1005
Else if x<=55000 then
扣除数=2755
Else if x<=80000 then
扣除数=5505
Else
扣除数=13505
End if
End function
```

第 12 章　供给与需求

本章学习目标

本章主要讲解利用 Excel 建立相应模型,进行供给与需求分析的相关知识。通过本章学习,读者应掌握以下内容:

需求函数与供给函数的求解方法。
需求曲线与供给曲线的建立及调整。
总供需曲线的建立。
雷达理论模型的建立。

12.1　供给与需求概述

12.1.1　供给与需求的概念

1. 需求与需求函数

需求是指消费者在一定价格下愿意并且能够购买的商品数量。影响需求的因素有多种(如价格、消费者收入水平、消费者爱好等),若只分析其中需求量与商品价格的关系,则需求函数为 $Q_d = f(p)$。一般来说,需求量与价格成反向变动,此即需求法则。若需求量与价格间存在线性函数关系,则此函数可写成 $Q_d = a - bp$。

2. 供给与供给函数

供给是指生产者在一定价格下愿意并且能够出售的商品数量。影响商品供给的因素也有多种(如生产技术状况、生产要素价格的变动、相关商品的价格等),若只分析供给量与商品价格的关系,则供给函数为 $Q_s = f(p)$。一般来说,供给量与价格成正方向变动,此即供给法则。若供给量与价格间存在线性函数关系,则此函数可写成 $Q_s = -c + dp$。

12.1.2　均衡价格和产量分析

当市场的需求曲线与供给曲线已知时,使供给与需求相等的价格为均衡价格,供求相等时的产量为均衡产量。将两条曲线的数学函数联立计算均衡价格与均衡产量。

12.2 供需模型

12.2.1 建立工作表

12.2.2 求解需求函数和供给函数

1. 求解需求函数

(1) 选择"工具/数据分析"命令,打开"数据分析"对话框。

(2) 选择"回归",单击"确定"按钮,打开"回归"对话框。

(3) 在"Y值输入区域"选项中确定函数中对因变量的引用(必须单列引用)。在"X值输入区域"选项中确定函数中对自变量的引用(可以多列引用)。

如果输入区域的第一行和第一列中包含标志项,选中"标志"复选框;如果在输入区域中没有标志项,清除此复选框。

如果需要在汇总输出表中包含附加的置信度信息,选中"置信度"复选框,然后在右侧的编辑框中输入所要使用的置信度,如果为95%,则可省略。

根据需要,确定输出区域。

(4) 单击"确定"按钮,即会在"供需数据表"中出现回归分析的结果,代入需求函数。

2. 求解供给函数

供给函数的求解和需求函数求解的操作基本一致。

12.2.3 供需曲线模型的创建

1. 创建需求曲线模型

(1) 在"供需数据表"中选定单元格区域,确定为绘图区域。

(2) 单击"图表向导"按钮,出现"图表向导—4步骤之1—图表类型"对话框。

(3) 在"图表类型"中选择"XY散点图",在"子图表类型"中选择"折线散点图"。

(4) 单击"下一步",出现"图表向导—4步骤之2—图表源数据"对话框。

(5) 单击"下一步",出现"图表向导—4步骤之3—图表选项"对话框。在对话框中分别确定图表标题、X轴、Y轴为"需求曲线"、"价格"、"需求量"。

(6) 单击"下一步",出现"图表向导—4步骤之4—图表位置"对话框,单击"作为其中的对象插入"选项,使需求曲线出现在"供需数据表"中。

(7) 单击"完成"按钮,在"供需数据表"中对该图表进行调整,如调整图表大小、坐标轴刻度等,最后形成所需的需求曲线。

2. 创建供给曲线模型

根据以上创建需求曲线模型的步骤,以相同的方式可绘制出供给曲线。

3. 制作供需均衡交合点

将需求曲线和供给曲线结合在一起即可求出该市场的均衡价格和均衡产量。

(1) 单击"需求曲线",当其外围出现八个控制柄后,单击常用工具栏上的"复制"按钮。

(2) 选定"供给曲线",单击常用工具栏上的"粘贴"按钮,则会出现供需曲线结合后的图表。

(3) 对该图表进行相应调整,形成所需的供需曲线图。

12.3 供需模型的延伸

12.3.1 坐标轴互换

(1) 选定"供需曲线图",单击"图表向导"按钮,出现"图表向导—4 步骤之 1—图表类型"对话框,单击"下一步"按钮。

(2) 在打开的"图表向导—4 步骤之 2—图表源数据"对话框中单击"系列"选项卡,选定"系列"列表框中的需求量系列,将"X 值"范围和"Y 值"范围进行调整。

(3) 再单击"系列"列表框中的供给量,将"X 值"范围和"Y 值"范围进行调整。最后单击"完成"按钮。

(4) 将 X 轴、Y 轴的名称对调,然后再对图表其他选项按用户的需要进行调整,以形成最终的供需曲线图。

12.3.2 均衡模型

(1) 打开"供需数据表",选定单元格。

(2) 选择"插入"/"函数"命令或单击"粘贴函数"按钮,在"函数分类"列表框中选择"常函数",在"函数名"列表框中选择"IF"。

(3) 在"粘贴函数"对话框中单击"确定"按钮,在 Logical_test、Value_if_true 与 Value_if_false 三个文本框中分别完成相应设置,然后单击"确定"按钮完成。

(4) 使用"复制"或"自动填充"功能进行单元格公式复制,完成均衡判断模型。

12.3.3 总供需曲线

1. 总需求曲线

2. 总供给曲线

12.4 雷达理论

12.4.1 雷达理论模型

雷达理论也称蛛网理论，它考察价格波动对下一个周期产量的影响，以及由此而产生的均衡的变动。雷达理论通常被用来分析市场经济中某些生产周期比较长的产品（主要是农作物）的价格和产量之间的关系，即本期产量决定下期价格，本期价格决定下期产量。

根据以上理论先创建初始模型。

12.4.2 创建雷达理论模型

根据上述基本假设模型，在 Excel 工作表中，可以通过以下步骤完成所需图形。
创建供需曲线数据表。
创建需求曲线与供给曲线。
组合供需曲线。
创建雷达图。
创建价格和时间关系图。

根据雷达理论的基本内容可知，小麦第一期的产量 Q_1 决定了第一期的价格 P_1；P_1 决定了第二期的产量 Q_2；而 Q_2 决定了第二期的价格 P_2；P_2 又决定了第三期的产量 Q_3。以此类推，就构成了如雷达形状的雷达图。

12.4.3 模型分析

(1) 当供给曲线斜率的绝对值大于需求曲线斜率的绝对值时，即 $\left|-\dfrac{d}{b}\right|<1$，会使价格和数量愈加接近其供需曲线的均衡交会点，在此情况下，市场的价格调整过程是收敛的，即同上面分析的结果一样。

(2) 当供给曲线斜率的绝对值等于需求曲线斜率的绝对值时，即 $\left|-\dfrac{d}{b}\right|=1$，表示价格和数量始终以同一高度持续变动，不会接近也不会离开其供需曲线的均衡交会点，在此情况下，市场是持续波动的。

(3) 当供给曲线斜率的绝对值小于需求曲线斜率的绝对值时，即 $\left|-\dfrac{d}{b}\right|>1$，会使价格和数量的变动离均衡交会点更远，这种情况下的市场价格调整过程是发散的。

第 13 章　消费者理论

本章学习目标

本章主要讲解利用 Excel 建立相应模型,进行消费者行为理论分析的相关知识。通过本章学习,读者应掌握以下内容:

总效用曲线和边际效用曲线的绘制。

无差异曲线的绘制。

预算线的绘制。

13.1　消费者理论概述

在分析消费者行为理论时,主要从以下几方面入手:

以"边际效用"分析消费者对商品的满足程度;

以无差异曲线分析消费者对消费不同商品组合的喜好程度;

以预算线分析在价格和收入既定的条件下,消费者可能购买到的各种商品组合;

以"消费者均衡"来说明在现行收入和商品价格条件下,消费者个人最佳购买行为点。

13.2　创建模型

13.2.1　边际效用分析法

消费者从所有消费的物品中所获得的效用称为总效用(Total Utility)。边际效用(Marginal Utility)是指用于消费的物品每增加(减少)一个单位而引起的总效用的增(减)量。同一物品的每一单位对消费者的满足程度不同,随着所消费物品的增加,该物品给消费者带来的效用却有可能是减少的,即所谓边际效用递减规律。

1. 绘制总效用曲线

（1）根据工作表中资料，编制总效用曲线数据表。

（2）选择单元格区域，打开"图表向导"工具。在"图表类型"中选择"XY 散点图——平滑线散点图"，在"图表源数据"中确定数据区域，在"图表选项"中分别确定图表的标题、X 轴名称、Y 轴名称。

（3）将生成的图表放到总效用曲线数据表中。

2. 绘制边际效用曲线

（1）将边际效用的数据添加到总效用曲线数据表中。

（2）选择单元格区域，打开"图表向导"工具。

（3）在"图表类型"中选择"XY 散点图——平滑线散点图"，在"图表源数据"中确定数据区域，在"图表选项"中分别确定图表的标题、X 轴名称、Y 轴名称。

（4）将生成的图表放到总效用曲线数据表中。

3. 合并总效用曲线和边际效用曲线

为了能够使绘制出的总效用曲线和边际效用曲线清晰地反映出总效用和边际效用之间的关系，可以将绘制出的总效用曲线和边际效用曲线合并起来。

（1）为便于分析，新建一张名为"总效用与边际效用"的工作表。

（2）选定总效用曲线图表，执行"复制"命令。

（3）切换到"总效用与边际效用"工作表，执行"粘贴"命令，将总效用曲线图复制到新工作表中。

（4）选定边际效用曲线图，执行"复制"命令。

（5）切换到"总效用与边际效用"工作表，选定总效用曲线图表，执行"粘贴"命令，即可将 COPY 总效用曲线与边际效用曲线合并在新工作表中。

根据合并的总效用曲线与边际效用曲线图，可以得出如下结论：

当总效用上升时，边际效用为正；

当总效用最大，边际效用为 0；

当总效用下降，会出现负边际效用。

4. 根据边际效用曲线绘制需求曲线

边际效用曲线说明了消费者对消费不同数量商品的满足程度，随着消费数量增多，边际效用会出现递减现象。在经济学中，边际效用递减规律同样适用于货币收入，低收入者比高收入者每增加 1 单位的货币收入会产生较多的效用或满足。

在货币收入水平既定的条件下，可以假定一个消费者的每一元收入具有 10 或

20 单位的效用,但如果他的货币收入增加了,那么他的一元的效用单位就应该小于 10 或 20 个效用单位。消费者购买的数量越多,他对每单位商品愿意支付的价格越低。据此得出需求曲线图。

13.2.2 无差异曲线分析法

1. 无差异曲线的含义

无差异曲线表示消费者在一定嗜好、技术条件和资源条件下,选择商品时对不同组合商品的满足程度是无差别的。也就是说,一条无差异曲线所代表的两种物品提供的总效用是相等的,也可称作等效用曲线。

2. 绘制无差异曲线

(1) 新建一张工作表。

(2) 选择单元格区域,打开"图表向导"工具,创建无差异曲线。

13.2.3 预算线

1. 预算线的含义

预算线又称消费可能性曲线、价格线或价格机会线,它表明在收入与商品价格既定的条件下,消费者可能购买到的各种商品的全部数量组合。

2. 绘制预算线

(1) 新建一张名为"预算线"的工作表,先填充 X 商品的可购买量,再根据 X 商品和 Y 商品之间的函数关系在单元格中输入公式,以确定 Y 商品的可购买量,利用复制公式的方法填充其他单元格区域。

(2) 选择单元格区域,打开"图表向导"工具,建立预算线。

预算线上的任何一点都表明消费者在既定的收入水平下所能够实现的最大限度的购买。图中预算线的斜率是两种商品价格之比,即 $\frac{PX}{PY}$。如果 $PX=PY$,预算线的斜率 $=1$;如果 $PX<PY$,则斜率小于 1;如果 $PX>PY$,则斜率大于 1。

如果商品价格一定,预算线的位置则取决于收入的大小。收入增加,预算线向右移动。如果价格和收入都有变动,则预算线的斜率及位置都有变动。

13.2.4 消费者均衡

所谓"消费者均衡"是指消费者在其收入和各种商品或劳务价格已知的条件下,以其有限的收入,消费特定的商品与劳务的组合,如果这种组合能使效用达到最大,称为"消费者均衡"状态。

(1) 新建一张名为"消费者均衡"的工作表用来放置我们建立的图表。

(2) 打开无差异表,选定"无差异曲线"图表,执行"复制"命令。

(3) 切换至"消费者均衡"工作表,执行"粘贴"命令。选定的无差异曲线将被复制到"消费者均衡"工作表中。

(4) 打开"预算线"工作表,选定"预算线"图表,执行"复制"命令。

(5) 切换到"消费者均衡"工作表,选定"无差异曲线"图表后执行"粘贴"命令,即可将消费者的无差异曲线和预算线组合在一起。

第14章 生产者理论

本章学习目标

本章主要讲解利用 Excel 建立相应模型,进行生产者行为理论分析的相关知识。通过本章学习,读者应掌握以下内容:

建立生产关系模型,并绘制总产量曲线、平均产量曲线和边际产量曲线。

利用图解法和函数模型法分析在不同情况下的生产者均衡。

14.1 生产者理论概述

厂商是为了赚取利润而从事生产和销售的单位。它的组织形式有独资、合伙和公司三种。

厂商在生产中需要投入一定数量的生产要素,主要有劳动、设备(即资本)、场地(即土地)、原材料、动力和企业家才能等。这些生产要素的使用量决定着厂商的产出量,我们把厂商投入的各种生产要素的某一种组合,同它可能产出的最大量之间的纯技术关系称为"生产函数"。也就是说,厂商产出一定量的产品取决于不同生产要素在一定组合比例下的投入量。生产函数总是以一定时期的技术水平作为前提条件,一旦技术水平有了改变,就会形成新的生产函数。

以 Q 表示产量,A、B、C、$\cdots$、K、L、N 表示各种生产要素的投入量,则生产函数的方程式为 $Q = f(A, B, C, \cdots, K, L, N)$。

假定在生产过程中,厂商投入生产要素的量,除一种生产要素是可以变动的外,其他都保持不变。那么增加投入,可变的生产要素数量达到一定程度以后,总产量的增加会越来越小,这就是边际报酬率递减规律。

14.2 一种产品与一种可变生产要素的生产关系

设生产某种产品使用的生产要素有资本(K)与劳动(L)两种,其中厂房设备和原料等(K)为固定不变,另一种生产要素(L)是可变的。

总产量(Total Product)就是生产要素投入后带来的总产量。

平均产量（Average Product）就是总产量除以生产要素投入量，即平均产量 $=\frac{总产量}{生产要素投入量}$。

边际产量（Marginal Product）是指最后增加的一个单位生产要素所引起的产量的增量，即边际产量 $=\frac{总产量增量}{生产要素投入量的增量}$。

14.2.1　建立生产关系模型

（1）在 Excel 中，建立一张名为"一种产品与一种可变生产要素的生产关系表"的工作表。

（2）输入"工人人数（L）"、"总产量（TP）"、"平均产量（AP）"和"边际产量（MP）"等基本数据。

（3）输入计算平均产量的公式，并将此公式复制到其他单元格区域。

（4）输入计算边际产量的公式，并将此公式复制到其他单元格区域。

14.2.2　总产量曲线

将变动的生产要素与总产量之间的关系表示在坐标图中，并将各点连接起来，便可绘制出"总产量曲线"。

（1）选择单元格区域。

（2）打开"图表向导"工具，选择图表类型为"XY 散点图——平滑线散点图"，确定数据区域、图表标题、数值（X）轴为"工人人数"，数值（Y）轴为"总产量"，确定图表的位置在"一种产品与一种可变生产要素的生产关系表"中。

（3）单击"完成"按钮，即可绘制出"总产量曲线"图。

14.2.3　平均产量曲线

将变动的生产要素与平均产量之间的关系表示在坐标图中，并将各点连接起来，便可绘制出"平均产量曲线"。

（1）利用鼠标拖动选择两个单元格区域。

（2）打开"图表向导"工具，选择图表类型为"XY 散点图——平滑线散点图"，确定数据区域、图表标题、数值（X）轴为"工人人数"，数值（Y）轴为"平均产量"，确定图表的位置在"一种产品与一种可变生产要素的生产关系表"中。

（3）单击"完成"按钮，即可绘制出平均产量曲线图。

14.2.4　边际产量曲线

将变动的生产要素与边际产量之间的关系表示在坐标图中，并将各点连接起来，便可绘制出边际产量曲线。

(1) 按住 Ctrl 键,利用鼠标拖动选择两个单元格区域。

(2) 打开"图表向导"工具,选择图表类型为"XY 散点图——平滑线散点图",确定数据区域、图表标题、数值(X)轴为"工人人数"、数值(Y)轴为"边际产量",确定图表的位置在"一种产品与一种可变生产要素的生产关系表"中。

(4) 单击"完成"按钮,即可绘制出边际产量曲线图。

14.2.5 图解 TP、AP、MP 的关系

为了能够清楚地反映出 TP、AP、MP 三者之间的关系,可以首先将平均产量曲线(AP)与边际产量曲线(MP)合并起来,然后再与总产量曲线(TP)进行比较。

(1) 随着劳动投入量的增加,开始时总产量、平均产量、边际产量都是以递增的方式增加,但各自增加到一定程度后,增长方式从递增转变为递减。

(2) 边际产量曲线最先达到最大值,然后逐渐递减。

(3) 当边际产量大于平均产量时,平均产量随之上升;当边际产量小于平均产量时,平均产量随之下降;当平均产量曲线与边际产量曲线相交时,平均产量最大,然后递减。

(4) 当边际产量曲线与横轴相交时,总产量增量为零,此时总产量达到最大值。随着边际产量下降为负值时,总产量的值会绝对减少。

14.3 生产者均衡

14.3.1 生产者均衡 I

1. 等产量曲线

等产量曲线是用来表示在一定技术条件下,生产等量产品的两种能相互替代的可变生产要素的所有可能投入量的组合。

(1) 在 Excel 中创建名为"等产量曲线"的工作表。

(2) 输入相应数据,其中 B 列数据由产量/劳动量求得。

(3) 绘制等产量曲线图。

2. 等成本曲线

生产者只凭等产量曲线尚不能确定两种可变投入量的最优组合。所谓最优组合就是以成本最低的组合生产既定的产量,这需要掌握有关成本和价格的信息。等成本曲线提供在要素价格既定的情况下,一定的支出所能得到的两种投入量的各种组合。

在等成本曲线中,生产成本是固定的,如果劳动量(X)是已知的,则资本量(Y)便会随着劳动量的变化而变化。根据这三者之间的函数关系,来绘制等成本曲线。

(1) 在 Excel 中创建一张名为"等成本曲线"的工作表,其中资本量(Y)的数据通过劳动、资本、生产成本三者之间的函数关系计算得出。

(2) 绘制出等成本曲线图。

3. 生产者均衡 I

将绘制出的等产量曲线和等成本曲线组合在一起,分析生产者在一定产量下,应如何分配其生产要素的使用量,而使其生产成本达到最低。利用合并图表的方法得到生产者均衡图。

等产量曲线和等成本曲线相切于一点,说明此时在保证达到产量要求的同时,两种生产要素的分配最为合理,生产成本也最低。

14.3.2 生产者均衡 II

1. 生产可能曲线

生产可能曲线是指在有限的资源及固定的技术条件下,厂商生产两种产品的最大可能产出组合轨迹。

(1) 在 Excel 中新建一工作表,命名为"生产可能曲线"。

(2) 将数据输入到"生产可能曲线"工作表中。

(3) 生成"生产可能曲线"。

2. 等收益曲线

生产可能曲线只说明具有一定量资源的厂商生产两种产品的所有可能的生产组合。如果从厂商获得的角度分析,则必须要考虑 X 产品和 Y 产品的出售价格。等收益曲线是指厂商在已知 X、Y 两种产品的价格(P_X、P_Y)以及总收益固定的情况下,销售不同量 X 和 Y 的组合轨迹。

(1) 建立一张名为"等收益曲线"的工作表,其中 C 列数据由公式计算得出。

(2) 绘制出等收益曲线。

3. 生产者均衡 II

利用合并图表的方法,将"生产可能曲线"和"等收益曲线"合并在一起。

厂商的生产均衡点位于生产可能曲线与等收益曲线的切点,该厂商的生产组织在此点最为有效。

14.4 模型延伸

14.4.1 单一均衡点模型

(1) 在"生产可能曲线"工作表中扩充模型,加上 D、E 两列。
(2) 在 D 列中设置公式。
(3) 在 E 列中设置公式。

14.4.2 多均衡点模型

在多点均衡情况下,如果想通过创建模型的方法得出均衡解,则需要对单一均衡点模型进行必要的修改。

第15章 成本理论

本章学习目标

本章主要讲解利用 Excel 建立相应模型,进行成本理论分析的相关知识。通过本章学习,读者应掌握以下内容:

建立完整成本模型。

绘制成本曲线图。

15.1 成本理论概述

成本(Cost)是指生产活动中所使用的生产要素的价格,也叫生产费用。生产要素是指生产某种商品时所投入的经济资源,包括劳动、资本、土地、企业家的才能等。

总成本(Total Cost):短期内,生产者生产一定产量所需要的成本总额即为总成本。总成本分为两部分:一部分是固定成本(Fixed Cost),如厂房和机器设备的折旧、管理人员的薪金等,正常利润也包括在内;另一部分是变动成本(Variable Cost),如生产工人工资、原材料、动力等。

平均成本(Average Cost):生产者所生产的每单位产品平均负担的成本即为平均成本,也称为平均总成本。与总成本的概念相对应,平均成本也有平均固定成本(Average Fixed Cost)和平均变动成本(Average Variable Cost)之分。平均固定成本是总固定成本除以产量所得的商,平均变动成本是总可变成本除以产量所得的商。

边际成本(Marginal Cost):生产者每增加 1 单位产品所增加的总成本的量即为边际成本,也就是 $n+1$ 单位的产品总成本减去 n 单位的产品总成本。

可以用公式的形式来表示以上各成本概念之间的关系。

$$总成本(TC) = 总固定成本(TFC) + 总变动成本(TVC)$$

$$平均成本(AC) = 平均固定成本(AFC) + 平均变动成本(AVC)$$

$$平均成本(AC) = \frac{总成本(TC)}{总产量(Q)}$$

$$\text{平均固定成本}(AFC) = \frac{\text{总固定成本}(TFC)}{\text{总产量}(Q)}$$

$$\text{平均变动成本}(AVC) = \frac{\text{总变动成本}(TVC)}{\text{总产量}(Q)}$$

$$\text{边际成本}(MC) = \text{总成本}(TC)_n - \text{总成本}(TC)_{n-1}$$

15.2 创建模型

15.2.1 成本表模型

(1) 在新创建的"成本理论"工作簿中选择一张工作表,将其命名为"成本表模型",定义工作表的各个项目并输入基本数据。

(2) 在 D 列中输入公式。

(3) 在 E 列中输入公式,确认后在该单元格中会出现"♯DIV/0!"的提示。

(4) 在 F 列中输入公式,确认后在该单元格中会出现"♯DIV/0!"的提示。

(5) 在 G 列中输入公式,确认后在该单元格中会出现"♯DIV/0!"的提示。

(6) 在 H 列中输入公式,确认后在该单元格中会出现"♯VALUE!"的提示。

利用 Excel 提供的函数(ROUND())将小数位调整到用户满意的位置,以便让整个模型看起来更为统一、清晰。

15.2.2 总成本曲线图

总成本是由总固定成本和总变动成本组成的,其中,总固定成本是固定不变的,而总成本=总固定成本+总变动成本,所以,总成本的变动随着总变动成本的变动而变动。

总固定成本曲线是一条直线,不随产量的变化而变化;总变动成本曲线和总成本曲线的形状完全相同,只是所在位置不同,二者之间的垂直距离正好等于总固定成本。

15.2.3 平均成本与边际成本曲线图

根据平均成本与边际成本曲线图可以得出以下结论:

(1) 平均固定成本曲线 AFC 随产量的增加而连续下降,不断接近横轴。因为产品越多,公摊到每一单位产品的固定成本的量就越少,但不会到达横轴,因为产品无论如何增多,单位产品中的固定成本绝不会等于零。

(2) 平均可变成本曲线 AVC 在早期的生产水平上,随产量增多投入的生产要素也增多。由于能有效地使用各种生产要素,总变动成本以递减的速率增加,所以,这时的 AVC 曲线平滑下降。生产水平提高后,由于边际报酬递减规律的作用,总变动成本以递增的速率增加,AVC 曲线就停止下滑而逐渐上升,曲线接近 U 形。平均成本曲线 AC 与 AVC 的形状大致相同,二者的垂直距离就是 AFC。

(3) 在早期的生产水平上,AFC 和 AVC 都在下降,从而 AC 曲线也随之下降。当平均变动成本曲线 AVC 下降到最低点后即上升,这时,平均固定成本曲线 AFC 仍在下降,只要它下降的数量超过平均变动成本增加的量,平均成本曲线仍会下降。当 AFC 与 AVC 相交,即二者相等时,平均成本曲线 AC 达到最低点,当 AVC 上升的数量大于 AFV 下降的数量时,AC 曲线开始上升。由此可以断定,平均成本曲线 AC 达到最低点的时间要比平均变动成本曲线 AVC 晚一些,AC 曲线的最低点在 AVC 曲线最低点的右边。当厂商生产处于高水平时,平均固定成本在平均成本中所占比重越来越小,这时 AC 曲线和 AVC 曲线会逐渐接近。

(4) 当边际成本曲线 MC 低于平均成本曲线 AC 时,每增加 1 单位的产品,由于平均成本小于前 1 单位产品的平均成本,所以平均成本曲线 AC 是下降的。反之,当 MC 高于 AC 时,那么,每增加 1 单位产品,平均成本就比以前大一些,所以平均成本曲线 AC 是上升的。从 MC 和 AC 曲线相交的情况看,在交点的左边,MC 曲线在 AC 曲线的下面,因此,AC 曲线一直下降;在交点的右边,MC 曲线在 AC 曲线的上面,AC 曲线一直上升,所以,两条曲线的交点必然是 AC 曲线的最低点。

第16章 厂商理论与垄断市场结构

本章学习目标

本章主要讲解利用 Excel 建立相应模型,进行市场结构理论分析的相关知识。通过本章学习,读者应掌握以下内容:

建立完全竞争市场和垄断市场中的成本、收益与利润模型。
绘制完全竞争市场中的收益曲线。
绘制垄断厂商的收益曲线、成本曲线和利润曲线。
利用图形法分析垄断厂商的短期均衡。

16.1 完全竞争厂商理论概述

完全竞争(Perfect Competition)在一定情况下又称纯粹竞争,是指不受任何阻碍和干扰的一种市场结构。在该市场结构中,由于厂商数量众多,任何一个人的销售都只占很小的市场份额,以致无法通过自己的销售行为来影响市场价格,他们都是市场上既定价格的服从者,而不是价格的决定者。只要行业的供求状况保持不变,即使一个厂商的生产扩大几倍,它所接受的价格也不会下降。其总收益(Total Revenue,简称为 TR)、平均收益(Average Revenue,简称为 AR)、边际收益(Marginal Revenue,简称为 MR)、利润(Profit,简称为 π)之间的关系可表述如下:

总收益表示单位价格乘以销售的数量,用公式表示为 $TR = P \times Q$。

平均收益表示销售一个产品的平均收入,用公式表示为 $AR = \dfrac{TR}{Q} = P$。

边际收益表示每多销售一个产品引起的总收益的变动情况,用公式表示为 $MR = \dfrac{\Delta TR}{\Delta Q}$。

利润表示总收益与总成本之差,用公式表示为 $\pi = TR - TC$。

16.2 完全竞争的市场结构

16.2.1 成本、收益与利润表模型

(1) 创建一张名为"成本、收益与利润表"的工作表。
(2) 依次确定 C 列、D 列、E 列、G 列、H 列单元格中的公式。

16.2.2 平均收益与边际收益曲线图

绘制完全竞争市场结构中的平均收益与边际收益曲线图。在完全竞争的市场结构中,厂商只能是价格的接受者,面对的市场需求是一条完全有弹性的水平线。不管厂商生产产品的数量是多少,价格都没有改变,同时,厂商的平均收益和边际收益相等,即 $AR = MR = P$。所以,平均收益曲线、边际收益曲线与价格线是完全重合的一条水平直线。

16.2.3 总收益曲线图

在完全竞争的市场结构中,由于价格不受厂商提供产品数量多少的影响,厂商的总收益就是产量乘以单位产品的售价。所以,同样可以利用 Excel 统计图表绘制出厂商的总收益曲线图。

从图中可以看出,总收益曲线是一条源自原点的直线,产量越多,总收益就越高,完全竞争的市场结构中的一条普遍原则就是厂商必须选择能使其边际成本等于其边际收益的产量水平,只有这样才能获取最大利润或者遭受最小亏损。如果厂商能够达到这一状态,我们称其达到了短期的均衡状态。同时,由于在完全竞争的市场中需求曲线是一条水平线,厂商每多销售 1 单位产品,所得到的收益(即边际收益)都等于价格 P,需求曲线与边际收益曲线重合,因此,厂商的短期均衡状态是在产量水平达到其边际成本且等于 P 时才实现的,即 $MC = MR = P$。

16.2.4 利润最大化所决定的最适合产量曲线图

追求利润最大化的厂商由于是价格的接受者,它的短期均衡状态只有在 $MC = MR = P$ 的条件下才能实现。可以利用 Excel 绘制图表的功能,得出边际成本与边际收益曲线图,这两条曲线的交点就是厂商追求利润最大化情况的最适合产量。

16.3 垄断厂商理论概念

垄断是指市场上只有唯一一个卖者的市场结构,卖者出售的商品或劳务没有

任何接近的替代品;同时,任何新的卖者难以进入这个市场。在这种情况下,垄断者没有任何竞争对手,完全排除了竞争。

产生垄断的原因是:对关键性原料的独家占有;对专门的生产技术知识的独家占有;拥有一种产品或加工过程的专利权;政府颁布的特许权;规模经济。

在垄断的条件下,对垄断者的需求也就是对全行业的需求。垄断者是产品价格的决定者,它有权力决定自己产品的卖价。或者说,垄断者能在它的需求曲线上选定他满意的价格—数量组合。只要他选定了一种价格,在需求曲线上就会表明消费者将会购买的数量。选定的价格既是垄断者的卖价,也是它出售相应数量产品的平均收益。

在完全竞争的情况下,一家厂商的需求曲线总是一条水平线,而垄断者的需求曲线则是向下倾斜的,因为垄断者的产品定价越高,可望卖出的数量就越少。垄断者降低产品价格,销售量就会增加。垄断者追求的仍是最大利润。

如果从厂商的收益方面考虑,垄断厂商的成本、收益与利润之间的关系可表述如下:

总收益(TR):等于产品卖价(P)与对应这个价格的销售量(Q)的乘积,此时的销售量就是厂商面对的需求量,用公式表示为 $TR = P \times Q$。

平均收益(AR):等于总收益(TR)除以销售量(Q),用公式表示为 $AR = \dfrac{TR}{Q}$。

边际收益(MR):反映厂商每增加(减少)出售一个单位的产品,而引起收益的变化情况,用公式表示为 $MR = \dfrac{\Delta TR}{\Delta Q}$。

利润(π):等于总收益与总成本的差,用公式表示为 $\pi = TR - TC$。

16.3.1 成本、收益与利润表模型

在 Excel 首先建立一张工作表。

(1) 打开 Excel,建立一张名为"垄断厂商的成本、收益与利润表"的工作表。

(2) 在 C 列、D 列、E 列、G 列、H 列中分别输入公式。

16.3.2 平均收益与边际收益曲线图

利用相关资料及参照以前绘制图表的方法,可以得出垄断厂商的平均收益与边际收益曲线图。

由于在垄断市场中需求曲线通常是一条向下倾斜的曲线,因此,平均收益 AR 随着商品产量的增加而减少,边际收益 MR 也随着产量的增加而减少。两条曲线从同一点出发后,边际收益曲线 MR 总是位于平均收益曲线 AR 的下面,并且两者

的距离越来越大。

16.3.3 垄断厂商的总收益与总成本曲线图

由于总收益和总成本直接制约着垄断厂商的利润水平,所以,追求利润最大化的垄断厂商在生产经营过程中必须要对这两个制约因素加以考虑。同样,可以利用 Excel 的图表来分析二者之间的关系。

垄断厂商的总收益曲线呈下降趋势,这是因为厂商为了增加其产品销售量,只能选择降价的策略,这必然会导致其收益减少,而随着销售量的增加,其生产成本是逐渐上升的,所以,总成本曲线呈上升趋势。

16.3.4 利润曲线图

由于垄断厂商的总收益和总成本曲线随着销售量的增减而呈现不同方向的变化,为了了解垄断厂商在产量为多少的情况下,可以使总收益最高而总成本最低,再绘制一张利润曲线图,以便于分析。

16.3.5 垄断厂商的短期均衡

在短期内,垄断者必然要考虑成本情况。垄断者为了获得最大利润,仍然需要像竞争性厂商一样,遵守 $MR = MC$ 的原则。

当 $MR > MC$(A 点上方)时,垄断者继续增产仍可增加收益,总利润未达到最大值。反之,如果 $MR < MC$(A 点下方)时,垄断者的总收益已经开始减少,继续增产只能导致更大的损失,只有压缩产量,才能降低 MC,提高 MR。所以,只有当 $MR = MC$ 时,垄断者才能获得最大利润(或者把亏损降至最低程度),而此时所决定的产量,也正是在利润最大化前提下的最适合产量。

垄断厂商实现短期均衡条件和竞争性厂商实现短期均衡的条件是相同的,所不同的是,竞争性厂商的需求曲线是一条水平的直线,它既是厂商的需求曲线,也是厂商的平均收益和边际收益曲线。但垄断厂商的需求曲线(也是平均收益曲线)和边际收益曲线却是分别向右下方倾斜的两条曲线。

第 17 章　凯恩斯理论模型

本章学习目标

本章主要讲解有关凯恩斯理论的基本内容，介绍利用 Excel 建立相应模型，进行凯恩斯理论分析的相关知识。通过本章学习，读者应掌握以下内容：

消费函数与储蓄函数、消费曲线与储蓄曲线。
45°线的使用。
用不同方法求解均衡收入。
凯恩斯理论模型的延伸。
IS 曲线与 LM 曲线。
商品市场与货币市场的均衡。

凯恩斯理论的核心在于通过分析，论证了总支出水平决定总产量、总就业量和国民收入水平。总支出是在各个收入水平上，所有消费者、工商企业和政府机构，愿意花费于购买最终产品和劳动的支出总额，它包括消费支出、投资支出、政府支出和净出口四项，这和国民收入核算中的项目一一对应。这里有一点需要明确，即凯恩斯理论中的总支出及上述四项都是属于事前计划、意愿进行的，而并非实际发生、事后计量的。考虑到每一类意愿支出中都可能包含进口成分，将它减去即得到对国内生产和劳动的总意愿支出，即总需求。设总意愿支出为 AE、意愿消费为 C、意愿投资为 I、意愿的政府支出为 G、意愿的净出口为意愿的出口（X）和意愿的进口（M）间的差额，那么 $AE = C + I + G + (X - M)$。

17.1　民间消费与储蓄模式

17.1.1　消费函数

消费函数表明家庭的消费支出与决定消费的各种因素之间的关系。影响人们消费的因素很多，但其中首要的一个是家庭得到的可支配收入，即实际收入。其他因素还有如利润、物价水平等，但消费理论主要研究的是如何以可支配收入的变动来说明消费的变动,因此,消费函数只用来表示消费与可支配收入之间的关系。在其他条件不变的情况下,消费随收入的变动呈同方向的变动。收入增加,消费也随之增加;收入减少,消费也随之减少。

也有一些消费支出不取决于可支配收入,这种消费支出称为自发消费(Autonomous Consumption)。

以 C 代表消费,以 a 代表自发消费,以 Y_d 代表可支配收入,以 b 代表边际消费倾向,即随着收入水平的变化,用于消费支出的比例也发生变化,则消费函数可表示为 $C = a + bY_d$。

1. 创建"消费函数"工作表

(1) 在 Excel 中新建一工作簿,以"凯恩斯理论"进行保存,将 Sheet1 改名为"消费函数"。

(2) 输入基本数据。

(3) 在单元格中输入公式。

2. 绘制"消费函数"曲线

(1) 在"消费函数"工作表中选定单元格区域。

(2) 单击"图表向导"按钮,按提示选择图表类型、确定图表选项、指定图表位置。

从图中可以看出,随着收入水平的提高,消费水平也在逐渐提高,但没有收入水平提高的多。

17.1.2 储蓄函数

储蓄是不用于消费的可支配收入。储蓄函数表明储蓄与可支配收入之间的关系,在其他条件不变的情况下,储蓄与收入呈同方向变动。收入增加,储蓄也随之增加;收入减少,储蓄也随之减少。

以 S 代表储蓄,则储蓄函数可表示为 $S = Y_d - C = Y_d - (a + bY_d) = -a + (1-b)Y_d$。

若自发消费为 100,边际消费倾向为 75%,则根据前面消费函数假设,其储蓄函数为 $S = -100 + (1 - 0.75)Y_d = -100 + 0.25Y_d$。

1. 创建"储蓄函数"工作表

(1) 打开"凯恩斯理论"工作簿,将 Sheet2 改名为"储蓄函数"。

(2) 输入基本数据。

(3) 在单元格中输入公式。

2. 绘制"储蓄函数"曲线

(1) 在"储蓄函数"工作表中选定单元格区域。

(2) 单击"图表向导"按钮,按提示选择图表类型、确定图表选项、指定图表位置。

从图中可以看出,在低收入水平时,储蓄为负,它反映了消费超过收入这一情况。人们进行负储蓄是用他们持有的银行存款、股票等支付消费支出超过其收入水平的部分。当收入水平增加到一定程度以后,储蓄变为正数,并且随着收入的增加而增加,这也反映了不是全部收入都用于消费这一事实。

17.1.3　45°线与消费函数

45°线是由坐标图中所有横轴数值与纵轴数值相等的点连接而成的,由于两个坐标上的刻度一样,所以这条线的斜率为1,并形成45°角,它也由此而得名。

(1) 打开"消费函数"工作表,选定"消费曲线"图表,在此图表的基础上绘制45°线。

(2) 为使45°线的效果更直观,最好将绘图区调整成等高与等宽。可将鼠标指针指向绘图区域,当鼠标指针下方出现"绘图区"的提示时,单击,此时绘图区四周出现8个控制柄,拖动其中一个控制柄,即可调整其高度与宽度。

(3) 使图表横轴与纵轴的刻度保持一致,可将鼠标指针指向横(纵)轴,当鼠标指针下方出现"数值(X)轴"("数值(Y)轴")时,单击鼠标右键,在打开的快捷菜单中选择"坐标轴格式"命令,在"坐标轴格式"对话框中,单击"刻度"标签,然后调整"主要刻度单位"选项后的数值。

(4) 右击"绘图区",在打开的快捷菜单中选择"图表选项"命令,在"图表选项"对话框中打开"网格线"标签页,分别选中"数值(X)轴:主要网格线"和"数值(Y)轴:主要网格线"选项。

(5) 打开"绘图"工具栏,单击"直线"按钮,此时,光标会变为细十字形状,将其指向原点后按住鼠标左键向右上方拖动,使直线通过每个方格的对角,直至相应坐标点。

(6) 松开鼠标左键,即完成45°线的绘制。

45°线与消费曲线的交点称收支相抵点,在这个点上,消费支出恰好等于收入,消费者收入刚够度日,既不借债,也无储蓄。在收支相抵点的右边,消费者的消费低于收入,消费曲线与45°线的垂直距离代表储蓄。在该点的左边,消费支出大于收入,消费曲线与45°线的垂直距离为负储蓄。另外,还可以看出消费曲线并不通过原点,这表明可支配收入为零时,消费并不等于零,消费曲线与纵轴的交点与原点之间的垂直距离表明人们必须维持的最低消费水平。在可支配收入等于零时的消费量称为自发的消费。

如果再将"储蓄曲线"放置在上图之下,则可以比较出收入、消费与储蓄三者之间的关系。

若消费曲线位于45°线的上方,则消费者的消费大于收入,出现负储蓄现象;反之,消费曲线位于45°线的下方,消费者的消费小于收入,为正储蓄情况;而收入等于消费曲线与45°线的交点时,储蓄为零,收入全部用于消费。

17.1.4 投资曲线

投资是指工商企业为获得物质资本的支出;获得物质资本是指工商企业添加厂房、机器设备和存货等项目。私人领域中的投资支出和消费支出是构成总支出的两个重要组成部分。由于消费支出取决于收入水平,而且相对稳定,投资支出对一国经济的运行就显得特别重要。

工商企业是否投资主要取决于以下两个因素:

(1) 资本边际效率(Marginal Efficiency of Investment,MEI)。它是追加一单位资本投资所预期的超过成本的报酬率。报酬率是指每年获得的投资收益与该项投资支出之比。

(2) 资金成本。指为了实现一个投资项目,筹措资金时的资金成本,通常以市场上的利率作为参考。

企业投资类似于消费需求,企业投资的价格就是利率,如果以图表的形式来表示,其资本边际效率曲线就是在各个利率水平上,企业愿意而且能够支出的投资量。

(1) 创建一张工作表,将其命名为"利率与投资",将相关资料输入到该工作表中。

(2) 选定工作表中的相应单元格区域,绘制MEI曲线。

可以看出,在不同的利率水平下,企业会做出不同的投资量的选择,因此,MEI曲线就是企业的投资需求曲线。

17.2 均衡收入

均衡收入是一种收入水平的运动,这种运动使总需求不断地重现自己的收入水平。也就是说,在这一水平下,收入的获得者将获得多少花费多少,或是消费,或是储蓄,而花费又会产生同等的收入水平。其基本条件是支出正好等于收入,总供给数量正好等于总需求数量。

17.2.1 均衡收入模型

（1）创建一张名为"均衡收入Ⅰ"的工作表。
（2）输入基本数据。
（3）在单元格中输入公式。

17.2.2 图解均衡收入与 45°线分析法

均衡收入取决于收入等于总支出，而 45°线是由坐标图中横坐标值等于纵坐标值的点连接而成的，所以，如果在坐标图中分别用横轴与纵轴表示收入与支出，然后绘制 45°线，同样可以得到均衡收入的结果。

（1）将"消费函数"、"储蓄函数"两张工作表的数据进行合并，存放在"均衡收入Ⅱ"工作表中，另外增加一列存放"投资"的数据。
（2）设置 D 列公式，计算出总支出数据，即消费加投资。
（3）选定单元格区域，绘制"支出曲线"图表。
（4）按照前一节绘制 45°线的方法，在"支出曲线"图表中绘制 45°线。

可以看出，总支出曲线与 45°线相交于一点，表明收入等于支出，而这和通过均衡收入模型计算得到的结果相同。

17.2.3 投资等于储蓄分析法

根据前面的分析，在简单凯恩斯模型中假设消费者取得的收入不是用于消费就是用于储蓄，因此：$Y_d = C + I, Y_d = C + S$。所以，实现均衡收入时，可得到 $I = S$。

为了简化问题，仍将 I 假设为自发性投资，其值为固定值，这样，投资曲线就应该是一条水平线，可利用合并图表的办法，将前面已经绘制好的"支出曲线"和"投资曲线"进行合并，分析两者的交点，同样也可以得出均衡收入。

可以看出，投资曲线和储蓄曲线交点的横坐标值正是投资等于储蓄时的均衡收入，并且该值和前面用其他两种方法得出的结果完全相同。

17.3 简单凯恩斯模型的延伸

在简单凯恩斯模型中，分析影响支出的因素只有消费与投资，而政府和国外经济部门对国内总体经济活动的影响没有包含在分析范围之内，为了能使分析工作更切合实际，需要将这两方面的因素引入到模型中，并对其进行完善。

引入政府部门后的凯恩斯模型调整为：

$$Y = C + I + G$$
$$Y = C + S + T$$
$$C = a + bY_d = a + b \times (Y - T)$$
$$I = I_0$$
$$G = G_0$$
$$T = T_0$$

式中：Y——产出或所得；

C——消费支出；

I——投资支出；

G——政府支出；

S——储蓄支出；

T——税收净额；

a——自发性消费；

b——边际消费倾向；

Y_d——可以支配的收入（总收入－税收）；

G_0——外生既定的政府消费；

I_0——自发性投资；

T_0——税收净额常量。

17.3.1 模型求解

（1）创建一张名为"均衡收入Ⅲ"的工作表，并输入基本数据。

（2）在单元格中输入公式。

17.3.2 图解均衡收入

在分析引入政府部门经济活动后的均衡收入时，根据前面进行均衡分析的技巧，可以使用45°线来解决此问题。

（1）创建一张名为"引入政府活动的均衡收入"工作表，输入基本数据并确定相应单元格的公式。

（2）选定工作表中单元格区域用以绘制图表。

（3）绘制45°线。

（4）将鼠标指针指向坐标轴区域，当鼠标指针下方出现"数值（X）轴"或"数值（Y）轴"的提示后，右击，选择"坐标轴格式"命令。

（5）在打开的"坐标轴格式"对话框中打开"刻度"标签页，将"自动设置"选项下的"最小值"和"主要刻度单位"的值调整。

(6) 单击"确定"按钮。

17.3.3 利用 $I+G$ 曲线和 $S+T$ 曲线求解均衡收入

根据公式 $Y=C+I+G$ 和 $Y=C+S+T$，可以得出 $I+G=S+T$ 也是实现均衡收入的条件，所以，绘制 $I+G$ 曲线和 $S+T$ 曲线，然后将二者合并，分析其交点，同样可以得出均衡收入。

可以看出，当 $I+G=S+T$ 时的均衡收入和前面得出的结论一致。

17.4 修正凯恩斯模型——IS—LM 分析法

凯恩斯理论将市场分为商品市场和货币市场两个领域。在商品领域中，总收入水平、总产量取决于总需求或有效需求；总需求取决于消费支出和投资支出；消费支出取决于消费倾向；投资支出取决于资本边际效率和市场利率。只有在意愿的投资等于意愿的储蓄（$I=S$）时，才能达到小于充分就业的均衡。在货币领域中，当货币需求等于货币供应量时，达到均衡状态，同时也就决定了利率。由此可见，利率是联系商品市场和货币市场的桥梁。

但是，凯恩斯的上述理论存在两个问题：一是利率的不确定性；二是两个领域各自都可能实现其均衡状态，可是未必能实现总体经济运行的均衡状态。所以，凯恩斯学派的后期学者们认为，在货币供给既定的情况下，利率取决于货币需求，货币需求又取决于收入水平。在消费函数一定的情况下，收入水平取决于投资水平。但如果不知道利率水平，也就无法确定投资水平的高低。由此可知，所有这些变量都是相互联系着的，必须按照一般均衡的概念同时加以确定。由希克斯提出的 IS—LM 分析法最具代表性，形成了凯恩斯的总体经济一般均衡模型。

17.4.1 IS 曲线

IS 曲线代表所有利率水平（r）和收入水平的配合，任何一个配合的总支出等于总供给，投资等于储蓄。由于这条线上任何一点都代表 $I=S$ 的均衡点，故称为 IS 曲线。IS 曲线上的每一个点都代表在利率水平和收入水平的某一个配合下，商品领域的一个均衡状态。

商品市场的均衡包括三个条件，即消费函数、投资函数和均衡条件。通过前述内容可知：

$$C = a + bY$$
$$I = e - dr$$
$$Y = C + I$$

由以上三个均衡条件联立求解：$Y = a + bY + e - dr$
可得：

$$Y = \frac{a + e - dr}{1 - b}$$

上式即为 IS 曲线方程。由公式可知，当边际消费倾向 b 已知，自发性消费 a 可知，只要能确定 r,Y 即可确定。

(1) 在 Excel 中创建一张名为"IS 曲线"的工作表，并输入基本数据。
(2) 在单元格中输入公式并复制到相关单元格区域。
(3) 绘制 IS 曲线。

可以看出，随着利率的不断提高，总收入水平不断下降。这是因为利率的高低直接影响到投资水平，而投资水平又是决定收入水平的一个因素。所以，IS 曲线是利率与收入成反方向关系的负斜率曲线。

17.4.2　LM 曲线

LM 曲线代表能使货币需求量等于货币供给量的所有的利率和收入水平的配合。由于这条曲线上任何点都代表货币需求量 L 等于货币供给量 M 的均衡点，因此称为 LM 曲线。

在凯恩斯的经济模型中，货币市场的均衡包括三个条件，即货币的需求函数、货币的供给函数和均衡条件。

货币的需求函数为：

$$M_d = L_1(Y) + L_2(r) = (kY - hr)P$$

式中：M_d——货币需求；
　　Y——收入水平；
　　P——市场价格；
　　k——表示人们为满足交易动机和预防动机而自愿平均持有的货币在名义收入中所占的比例；
　　h——货币需求的利率弹性；
　　r——利率。

货币的供给函数为：

$$M_s = M_0$$

式中:M_s——货币供给;

M_0——流通领域中的货币量。

均衡条件为:

$$M_s = M_d$$

将以上三个方程联立求解,即可得 $Y = \left(\dfrac{M_0}{kP}\right) + \left(\dfrac{hr}{k}\right)$,此即为 LM 曲线方程。它表示由于货币供给为既定,对于任意的名义收入水平为既定,必须有一个相应的利率,以保证在该利率下人们自愿持有的货币恰好等于既定的货币供给量。

(1) 在 Excel 中创建一张名为"LM 曲线"的工作表,并输入基本数据。

(2) 在单元格中输入公式并复制到相关单元格区域。

(3) 绘制 LM 曲线。

可以看出,收入水平越高,为使货币需求等于货币供给的利率水平就越高,二者同向变化,否则,货币市场就会失衡。所以,LM 曲线是利率与收入成同方向关系的正斜率曲线。

17.4.3 商品市场与货币市场均衡

1. 模型求解

2. 图解均衡收入与均衡利率

在 Excel 中,可将 IS 曲线与 LM 曲线合并,二者的交点就可决定均衡收入与均衡利率。

IS 曲线与 LM 曲线的交点即为商品市场与货币市场同时达到均衡的利率水平与收入水平。

3. 坐标轴互换

(1) 选定"IS—LM 曲线"图表,右击该图表的"图表区",在打开的快捷菜单中选择"数据源"命令,打开"数据区"对话框。

(2) 在对话框中单击"系列"标签,在"系列"列表框中显示的都是"收入(Y)",因此,无论是哪一"收入"系列,都需将"X 值"和"Y 值"对调。

(3) 单击"确定"。

在完成坐标轴互换工作以后,还需要调整坐标轴的刻度,同时,将 X 轴与 Y 轴的名称互换。

当 IS 曲线与 LM 曲线相交时,其交点便是均衡收入与均衡利率。

17.4.4 模型延伸

对于均衡利率与均衡收入的求解,除了运用"图形"和"数学"方法外,还可以利用 Excel 工作表求解均衡解,操作步骤如下:

(1) 在 Excel 中建立一张名为"求解均衡解分析模型"的工作表,并输入基本数据。

(2) 在工作表的 C 列、D 列单元格中输入公式。

(3) 根据商品市场和货币市场均衡的条件,商品市场中的利率与货币市场中的利率应当相等;同时,商品市场的收入与货币市场的收入也要相等。所以,在 E 列中输入公式。

附录　实验指导书

练习 1

本练习目标

本作业主要练习 Excel 基本技能。通过本作业的学习,读者应掌握以下内容:

工作表、工作簿的相关概念、操作。

Excel 工作表的基本快捷键。

序列的操作。

实际工作中对于 Excel 工作表的资料整理。

1.1　工作表、工作簿

工作簿:一个 Excel 文件(扩展名后缀一般为 *.xls)就是一个工作簿,其中包含 Sheet1、Sheet2、Sheet3 等若干张工作表。一个工作簿默认状态下为 3 张工作表,最多可以包含 255 张工作表。

工作表:组成工作表的基本单位是单元格,一个工作表由 256 列和 65536 行构成。

单元格:工作表中的每一个小格子叫"单元格"。单元格所显示反映的信息不一定是该单元格的准确真实信息。

编辑栏:反映单元格的真实信息。可以在编辑栏显示或修改当前单元格内容。对于财务人员来说,编辑栏的重要性远大于单元格本身。

状态栏:状态栏功能很多,对于财务人员来说,状态栏的实用功能如下:

显示键盘"Caps Lock"键的状态,当按下键盘"Caps Lock"键时,显示"大写",这时输入英文字母时以大写的形式输入,再次按下"Caps Lock"键将复原。

显示键盘"Num Lock"键的状态,当按下键盘"Num Lock"键时,显示"数字",这时数字小键盘被激活,可以输入数字。

显示键盘"Insert"键的状态,当按下键盘"Insert"键时,显示"改写",这时如果将光标定位到某个字符串中间时,输入新的字符时光标之后的字符被覆盖,再次按下"Insert"键将复原,这时如果将光标定位到某个字符串中间时,输入新的字符时光标之后的字符将后移,不被覆盖。

以上三项功能也为其他 Office 共有。

显示当前所选择区域的计算结果,共有"无"、"均值"、"计数"、"计数值"、"最大值"、"最小值"、"求和"七个选项,可用鼠标在状态栏处右击,在弹出的单选列表框中进行选择与切换。此功能仅为 Excel 具有。

1.2 Excel 工作表的基本快捷键

移动到当前数据区域的边缘 Ctrl+箭头键

移动到行首 Home

移动到工作表的开头 Ctrl+Home

移动到工作表的最后一个单元格 Ctrl+End

移动到工作簿中下一个工作表 Ctrl+Page Down

移动到工作簿中前一个工作表 Ctrl+Page Up

移动到下一工作簿或窗口 Ctrl+F6 或 Ctrl+Tab

移动到前一工作簿或窗口 Ctrl+Shift+F6

在单元格中拆行 Alt+Enter

取消单元格输入 Esc

移到行首 Home

向下填充 Ctrl+D

向右填充 Ctrl+R

定义名称 Ctrl+F3

编辑活动单元格并将插入点放置到线条末尾 F2

拼写检查 F7 键

复制选定区域 Ctrl+C

剪切选定区域 Ctrl+X

粘贴选定区域 Ctrl+V

撤销 Ctrl+Z

重复 Ctrl+Y

选定当前单元格周围的区域 Ctrl+Shift+*(星号)

将选定区域扩展一个单元格宽度 Shift+箭头键

选定区域扩展到单元格同行同列的最后非空单元格 Ctrl+Shift+箭头键

将选定区域扩展到行首 Shift+Home

将选定区域扩展到工作表的开始 Ctrl＋Shift＋Home
将选定区域扩展到工作表最后一个使用的单元格 Ctrl＋Shift＋End
选定整列 Ctrl＋Spacebar
选定整行 Shift＋Spacebar
选定整个工作表 Ctrl＋A

1.3　Excel 序列的操作

在第 1 行的第 1 列至第 10 列填充：甲、乙、丙、…、癸。

在第 1 列的第 2 行至第 11 行中输入数据型数据 1、2、3、…、10。

在第 2 列的第 2 行至第 11 行中填充以 11 开头、步长为 3 的递增等差序列。

在第 3 列的第 2 行至第 11 行填充以 1 开头、步长为 5 的等比序列。

在第 4 列的第 2 行开始进行如下日期序列的填充：以 2013-4-11 开头、按 1 日递增的序列，直至 2013-4-20。

在第 5 列的第 2 行开始，以 2013-4-1 开头、按 1 月递增的序列，直至第 11 行。

在第 6 列的第 2 行至第 11 行填充：0101、0102、…、0110 的文本序列。

在第 7 列的第 2 行至第 11 行填充：A1B101、A1B102、…、A1B110 的文本序列。

在第 8 列进行如下填充：使该列中第 2 行至第 11 行每个单元格的内容为其所在行的第 9 列单元格与第 7 列单元格的内容之和。

自定义一个文本序列：一班、二班、三班……十班，并将该序列填充在第 12 行的第 1 列至第 10 列。

在第 13 行的第 1 列至第 10 列进行如下分数序列的填充：以 $\frac{1}{4}$ 开头，步长为 $\frac{1}{4}$。

1.4　Excel 工作表的资料整理

要求：对如下表格尝试各种分析的可能性。

月份	产品代号	产品种类	销售地区	业务人员编号	单价	数量	总金额
1	G0350	计算机游戏	日本	A0901	5000	1000	5000000
1	F0901	绘图软件	日本	A0901	10000	2000	20000000
1	G0350	计算机游戏	韩国	A0902	3000	2000	6000000
1	A0302	应用软件	韩国	A0903	8000	4000	32000000

续表

月份	产品代号	产品种类	销售地区	业务人员编号	单价	数量	总金额
1	G0350	计算机游戏	美西	A0905	4000	500	2000000
1	F0901	绘图软件	美西	A0905	8000	1500	12000000
1	A0302	应用软件	美西	A0905	12000	2000	24000000
1	F0901	绘图软件	东南亚	A0908	4000	3000	12000000
1	G0350	计算机游戏	东南亚	A0908	2000	5000	10000000
1	A0302	应用软件	东南亚	A0908	5000	6000	30000000
1	F0901	绘图软件	美东	A0906	8000	2000	16000000
1	G0350	计算机游戏	美东	A0906	4000	1000	4000000
1	F0901	绘图软件	英国	A0906	9000	500	4500000
1	A0302	应用软件	英国	A0906	13000	600	7800000
1	F0901	绘图软件	德国	A0907	9000	700	6300000
1	G0350	计算机游戏	德国	A0907	5000	12000	60000000
1	F0901	绘图软件	意大利	A0909	5000	5000	25000000
1	G0350	计算机游戏	意大利	A0909	2000	3000	6000000
1	A0302	应用软件	意大利	A0909	8000	8000	64000000
1	G0350	计算机游戏	法国	A0907	5000	2000	10000000
1	A0302	应用软件	法国	A0907	13000	2000	26000000

提示：分别通过排序、数据透视表、分类汇总、选择性粘贴、条件格式等简单操作实现。分别见下图。

	A	B
1	月份	1
2		
3	求和项:总金额	
4	产品种类	汇总
5	绘图软件	95,800,000
6	计算机游戏	103,000,000
7	应用软件	183,800,000
8	总计	382,600,000

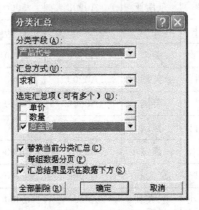

1 2 3		A	B	C	D	E	F	G	H
	1	月份	产品代号	产品种类	销售地区	务人员编	单价	数量	总金额
	2	1	A0302	应用软件	韩国	A0903	8000	4000	32000000
	3	1	A0302	应用软件	美西	A0905	12000	2000	24000000
	4	1	A0302	应用软件	东南亚	A0908	5000	6000	30000000
	5	1	A0302	应用软件	英国	A0906	13000	600	7800000
	6	1	A0302	应用软件	意大利	A0909	8000	8000	64000000
	7	1	A0302	应用软件	法国	A0907	13000	2000	26000000
	8		**A0302 汇总**						183800000

练习 2

本练习目标

本作业主要练习 Excel 与相关文件的转换技能。通过本作业的学习,读者应掌握以下内容:

网页中的表格复制到 Excel。

Excel 复制到 Word。

Word 中的表格复制到 Excel。

2.1 网页中的表格复制到 Excel

Ctrl+A 选定整个网页中的内容,Ctrl+C 复制整个网页中的内容。

新建或者打开一个"干净"的 Word,Ctrl+V 粘贴网页中的内容。选中 Word 中的表格,Ctrl+C 复制 Word 表格中的内容。

新建或者打开一个文本文件,Ctrl+V 粘贴 Word 表格中的内容。Ctrl+A 选定整个文本文件中的内容,Ctrl+C 复制文本文件中的内容。

新建或者打开一个 Excel 文件,Ctrl+V 粘贴文本文件中的内容。

2.2 Excel 复制到 Word

分别复制 Excel 各列内容到一个文本文件。

将文本文件复制粘贴到 Word。

如果原有文件有空行,可以多次将 2 个回车替换为 1 个回车。Ctrl+H,替换—高级—特殊字符—段落标记。

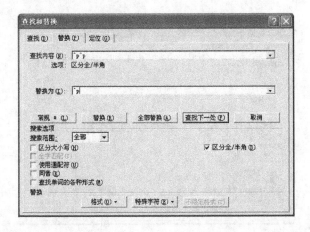

如要将 Excel 的纵向排列转化为 Word 的横向排列,可以将 1 个回车全部替换为空格。如有必要,此空格可为全角空格。

提示:见下图。

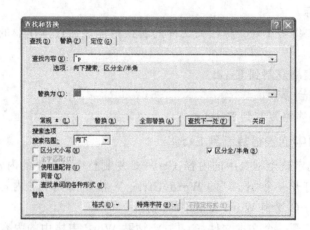

2.3 Word 中的表格复制到 Excel

复制 Word 表格到一个文本文件。

将文本文件复制粘贴到 1 个新的 Word。

遇到 Word 表格由于各行前有若干空格等不整齐的情况,可以多次将 1 个回车+空格替换为 1 个回车。

掐头去尾,选中 Word 表格内容,表格—插入—表格。

分别复制 Word 表头、表格、表底内容到 Excel 文件。

提示:见下图。

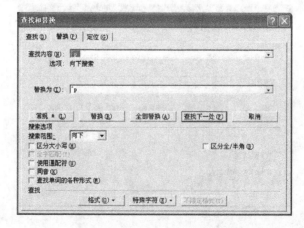

练习 3

本练习目标

本作业主要练习 Excel 函数嵌套技能。通过本作业的学习,读者应掌握以下内容:

批量计量最优性价比。

批量添加字符。

排行榜名单。

3.1 批量计量最优性价比

所有价格位数一致的情况:

所有原始招标数据存放于 A 列,比如在 A3 单元格数据为"Kingmax 1G DDR800 ¥ 110",A4 单元格数据为"金泰克 DDR2 2G/800 ¥ 197"。

在 B3 单元格利用 FIND 函数,FIND("G",A3),查找得知"G"所在位置为 10。

在 C3 单元格利用 MID 函数,MID(A3,B3-1,1),提取性能 1。

在 G3 单元格利用 RIGHT 函数,RIGHT(A3,3),提取价格 110。

在 H3 单元格,手工输入 G3/ C3,得到性价比 110。

逐步函数嵌套。把 G3 单元格编辑栏公式覆盖 H3 单元格中的 G3,把 C3 单元格编辑栏公式覆盖 H3 单元格中的 C3,把 B3 单元格编辑栏公式覆盖 H3 单元格中的 B3,检查 H3 单元格编辑栏公式,公式中应仅存在原始数据 A3,最终嵌套所得函数如 RIGHT(A3,3)/MID(A3,FIND("G",A3)-1,1)。

H3 单元格向下拖曳到其他原始招标数据对应单元格,即得所有价格位数一致情况下的性价比,并且从中选择最优性价比。

所有价格位数不一致的情况:

所有原始招标数据存放于 A 列,比如在 A11 单元格数据为"640G 环保硬盘 ¥ 572",A12 单元格数据为"酷鱼 750G32M SATA 盒¥ 1095"。

在 B11 单元格利用 FIND 函数,FIND("G",A11),查找得知"G"所在位置为 4。

在 C11 单元格利用 MID 函数,MID(A11,B11-3,3),提取性能 640。

在 D11 单元格利用 FIND 函数,FIND("¥",A11),查找得知"¥"所在位置为 9。

在 E11 单元格利用 LEN 函数,LEN(A11),查找得知 A11 单元格数据总长度为 12。

在 G11 单元格利用 RIGHT 函数,RIGHT(A11,E11-D11),提取价格 572。

在 H11 单元格,手工输入 G11/C11,得到性价比 0.89375。

逐步函数嵌套。把 G11 单元格编辑栏公式覆盖 H11 单元格中的 G11,把 E11 单元格编辑栏公式覆盖 H11 单元格中的 E11,把 D11 单元格编辑栏公式覆盖 H11 单元格中的 D11,把 C11 单元格编辑栏公式覆盖 H11 单元格中的 C11,把 B11 单元格编辑栏公式覆盖 H11 单元格中的 B11,检查 H11 单元格编辑栏公式,公式中应仅存在原始数据 A11。最终嵌套所得函数如 RIGHT(A11,LEN(A11)-FIND("￥",A11))/MID(A11,FIND("G",A11)-3,3)。

H11 单元格向下拖曳到其他原始招标数据对应单元格,即得所有价格位数不一致情况下的性价比,并且从中选择最优性价比。

3.2 批量添加空格等字符

原有表格如下: 转化结果如下:

王子凡	周瑞
楼磊	王涛涛

王子凡	周 瑞
楼 磊	王涛涛

所有原始招标数据存放于 A\B 列,比如在 A2 单元格数据为"王子凡",A3 单元格数据为"楼磊",B2 单元格数据为"周瑞",B3 单元格数据为"王涛涛"。

在 C2 单元格利用 MID 函数,MID(B2,1,1)&" "&MID(B2,2,1),将"周瑞"转化为"周 瑞"。

为防止不需要转化的也变化,在 D2 单元格利用 MID 函数,IF(LEN(B2)=2,C2,B2)。

利用函数嵌套,得到 IF(LEN(B2)=2,MID(B2,1,1)&" "&MID(B2,2,1),B2),将"周瑞"彻底转化。

向下向左拖曳到其他原始数据对应单元格,即得所有转化。

3.3 排行榜名单

原有表格如下:

工号	姓名	性别	甲产品销量	乙产品销量	丙产品销量	丁产品销量	总销量
20001001	赵永恒	男	8898	4266	2095	3211	18470
20001002	王志刚	男	4245	1261	1692	2010	9208

续表

工号	姓名	性别	甲产品销量	乙产品销量	丙产品销量	丁产品销量	总销量
20001003	孙红	女	3393	2291	2114	5582	13380
20001005	钟秀	女	7412	8964	388	8304	25068
20001006	林小林	女	7894	2051	7968	3064	20977
20001007	黄河	男	6960	2751	1626	2965	14302
20001009	宁中一	男	8494	7408	7693	9918	33513
20001010	陶同明	男	3173	2636	9639	9148	24596
20001011	曹文华	男	9768	1966	1808	1084	14626
20001004	杨青	女	5529	7585	5771	7109	25994
20001012	胡洪	男	6784	1259	2714	5508	16265
20001008	钱英	女	9595	6588	3908	6271	26362

排行结果如下:

名次	甲产品销量	乙产品销量	丙产品销量	丁产品销量	总销量
1	曹文华	钟秀	陶同明	宁中一	宁中一
2	钱英	杨青	林小林	陶同明	钱英
3	赵永恒	宁中一	宁中一	钟秀	杨青
4	宁中一	钱英	杨青	杨青	钟秀
5	林小林	赵永恒	钱英	钱英	陶同明
6	钟秀	黄河	胡洪	孙红	林小林
7	黄河	陶同明	孙红	胡洪	赵永恒
8	胡洪	孙红	赵永恒	赵永恒	胡洪
9	杨青	林小林	曹文华	林小林	曹文华
10	王志刚	曹文华	王志刚	黄河	黄河
11	孙红	王志刚	黄河	王志刚	孙红
12	陶同明	胡洪	钟秀	曹文华	王志刚

所有原始招标数据存放于A1：H13，比如在A1单元格数据为"工号"，H13单元格数据为"26362"。

在D15单元格利用LARGE函数，LARGE(D2：D13,1)，查找得知甲产品销量最高值为9768。

在D16单元格利用MATCH函数，MATCH(D15,D1：D13,0)，查找得知甲产品销量最高值对应行次为第10行。

在D17单元格利用INDIRECT函数，INDIRECT("b"&D16)，查找得知甲产品销量最高值对应姓名为曹文华。

把D17单元格编辑栏公式复制到D19单元格编辑栏。

在C19：C30做出1-12的序列。

逐步函数嵌套。公式中应仅存在原始数据A1：H13与C19：C30，并且添加绝对地址＄，最终嵌套所得函数如：

INDIRECT("b"&MATCH(LARGE(D＄2：D＄13,＄C19),D＄1：D＄13,0))。

向下向右拖曳到其他原始数据对应单元格，即得所有转化。

练习4

本练习目标

本作业主要练习SUMPRODUCT的函数复杂查找统计技能。通过本作业的学习，读者应掌握以下内容：

SUMPRODUCT函数的查找功能。

SUMPRODUCT函数的数据统计功能。

4.1 SUMPRODUCT函数的查找功能

原有表格如下：

name	级别
陈珏	甲
陈冉	庚
陈馨	乙
陈言	癸

续表

name	级别
邓芮杰	甲
董怡凡	戊
董禹慷	戊
葛睿	己
郭丞坤	甲
花淪珊	辛
纪绍昊	癸
刘博文	乙
楼天磊	壬
卢润云	庚
毛耀亮	乙
佘曼琪	甲
佘欣斓	戊
唐文倩	辛
陶瑾	己

要求：计量本单位部门的平均级别。结果如下：

name	级别	成绩	参考	
			级别	成绩
陈珏	甲	100		
陈冉	庚	40	甲	100
陈馨	乙	90	乙	90
陈言	癸	10	丙	80
邓芮杰	甲	100	丁	70
董怡凡	戊	60	戊	60

续表

name	级别	成绩	参考	
			级别	成绩
董禹慷	戊	60	己	50
葛睿	己	50	庚	40
郭丞坤	甲	100	辛	30
花淪珊	辛	30	壬	20
纪绍昊	癸	10	癸	10
刘博文	乙	90		
楼天磊	壬	20		
卢润云	庚	40		
毛耀亮	乙	90		
佘曼琪	甲	100		
佘欣斓	戊	60		
唐文倩	辛	30		
陶瑾	己	50		
平均	戊	59.47368		

所有原始招标数据存放于 A1：B20，比如在 A1 单元格数据为"name"，B20 单元格数据为"己"。

在 F3：F12 产生序列甲—癸，在 G3：G12 产生序列 100—10。

在 C2 单元格利用 SUMPRODUCT 函数：

SUMPRODUCT((B2=F＄3：F＄12)＊(G＄3：G＄12))，将陈珏的级别甲转化为成绩 100。

将 C2 单元格拖曳到 C20，将所有员工的级别转化为成绩。

在 C21 单元格利用 AVERAGE 函数：AVERAGE(C2：C20)，计量平均成绩。

在 B21 单元格利用 LOOKUP 函数：LOOKUP(ROUND(C21,－1),G3：G12,F3：F12)，将平均成绩转化为平均级别。

4.2 SUMPRODUCT 函数的数据统计功能

原有表格为：

No.	性别	年龄	学历	性质	部门
1	女	32	专科	党员	车间
2	男	25	专科	团员	办公室
3	女	30	专科	党员	车间
4	男	45	高中	团员	车间
5	男	26	中专	团员	车间
6	男	25	本科	团员	办公室
7	男	25	本科	团员	车间
8	男	30	专科	党员	车间
9	男	45	高中	团员	车间
10	男	26	中专	团员	办公室
11	男	25	本科	团员	车间
12	男	30	专科	党员	车间
13	男	45	高中	团员	车间
14	男	26	中专	团员	车间
15	男	25	本科	团员	车间
16	女	30	专科	党员	车间
17	女	40	研究生	群众	办公室

统计公式如下：
女党员
SUMPRODUCT(("女"=B2：B18)＊("党员"=E2：E18))
男党员
SUMPRODUCT(("男"=B2：B18)＊("党员"=E2：E18))
男团员 20～40 岁本科
SUMPRODUCT(("男"=B2：B18)＊("团员"=E2：E18)＊(20＜=C2：C18)＊(40＞C2：C18)＊("本科"=D2：D18))

车间男团员
SUMPRODUCT(("车间"=F2：F18)*("男"=B2：B18)*("团员"=E2：E18))

练习 5

本练习目标
本作业主要练习基础财务函数。通过本作业的学习，读者应掌握以下内容：
内部报酬率 IRR。
净现值 NPV。
FV 函数。
PV 函数。
FVSCHEDULE 函数。
XNPV 函数。

5.1 内部报酬率 IRR

某项业务的初期成本费用	−80000	IRR	IRR
第一年的净收入	12000	−85％	=IRR(B$2：B3,−0.999)
第二年的净收入	15000	−49％	=IRR(B$2：B4,−0.4)
第三年的净收入	18000	−23％	=IRR(B$2：B5)
第四年的净收入	21000	−7％	=IRR(B$2：B6)
第五年的净收入	26000	4％	=IRR(B$2：B7)

5.2 净现值 NPV

年贴现率	5.25％		
初期投资	−50000	NPV	NPV
第一年收益	15000	−33965	=NPV(B$2,B$3：B4)
第二年收益	25000	−12523	=NPV(B$2,B$3：B5)
第三年收益	35000	15999	=NPV(B$2,B$3：B6)
第四年收益	45000	50841	=NPV(B$2,B$3：B7)

5.3 FV 函数

投资	−20000
每月提取	−2000
年利率	6%
年	15

年	FV	FV 函数公式
1	45200	=FV(B$3,A7,B$2*12,B$1)
2	71912	=FV(B$3,A8,B$2*12,B$1)
3	100227	=FV(B$3,A9,B$2*12,B$1)
4	130240	=FV(B$3,A10,B$2*12,B$1)
5	162055	=FV(B$3,A11,B$2*12,B$1)
6	195778	=FV(B$3,A12,B$2*12,B$1)
7	231525	=FV(B$3,A13,B$2*12,B$1)
8	269416	=FV(B$3,A14,B$2*12,B$1)
9	309581	=FV(B$3,A15,B$2*12,B$1)
10	352156	=FV(B$3,A16,B$2*12,B$1)
11	397285	=FV(B$3,A17,B$2*12,B$1)
12	445123	=FV(B$3,A18,B$2*12,B$1)
13	495830	=FV(B$3,A19,B$2*12,B$1)
14	549580	=FV(B$3,A20,B$2*12,B$1)
15	606554	=FV(B$3,A21,B$2*12,B$1)

5.4 PV 函数

年	10
FV	150000
月存	−2000

年	2%	3%	4%	5%	6%
1	−123529	−122330	−121154	−120000	−118868

续表

年		10			
FV		150000			
月存		－2000			

年	2%	3%	4%	5%	6%
2	－97578	－95466	－93417	－91429	－89498
3	－72135	－69385	－66747	－64218	－61791
4	－47191	－44063	－41103	－38303	－35652
5	－22737	－19478	－16445	－13621	－10992
6	1239	4390	7264	9884	12272
7	24744	27563	30062	32271	34219
8	47788	50061	51982	53591	54923
9	70380	71904	73060	73896	74456
10	92530	93111	93327	93235	92883

其中，B6 单元格公式为 PV(B$5,$A6,$B$3*12,$B$2)

H15 单元格公式为 PV(H$5,$A15,$B$3*12,$B$2)

5.5 FVSCHEDULE 函数

方法一：利用 FV 函数。

年	7	
本金	－10000	FV 函数公式
4.20%	10420	＝FV(A3,1,,B2)
5.10%	10951	＝－FV(A4,1,,B3)
6.70%	11685	＝－FV(A5,1,,B4)
5.20%	12293	＝－FV(A6,1,,B5)
4.30%	12821	＝－FV(A7,1,,B6)
3.60%	13283	＝－FV(A8,1,,B7)
3.20%	13708	＝－FV(A9,1,,B8)

方法二：利用 FVSCHEDULE 函数。注意：首先要打开"工具"—"加载宏"—"分析工具库"。

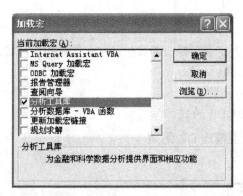

年	7			
本金	－10000	FVSCHEDULE		FVSCHEDULE 函数公式
		4.20%	10420	＝－FVSCHEDULE(G＄2,H＄3：H3)
		5.10%	10951	＝－FVSCHEDULE(G＄2,H＄3：H4)
		6.70%	11685	＝－FVSCHEDULE(G＄2,H＄3：H5)
		5.20%	12293	＝－FVSCHEDULE(G＄2,H＄3：H6)
		4.30%	12821	＝－FVSCHEDULE(G＄2,H＄3：H7)
		3.60%	13283	＝－FVSCHEDULE(G＄2,H＄3：H8)
		3.20%	13708	＝－FVSCHEDULE(G＄2,H＄3：H9)

5.6 XNPV 函数

贴现率	8%			
	现金流	日期		
投资支出	－10000	2008-1-1	XNPV	XNPV 函数公式
投资收入	1750	2008-4-1	－8283	＝XNPV(B＄1,B＄3：B4,C＄3：C4)
投资收入	2250	2008-10-30	－6173	＝XNPV(B＄1,B＄3：B5,C＄3：C5)
投资收入	3250	2009-5-15	－3248	＝XNPV(B＄1,B＄3：B6,C＄3：C6)

练习 6

本练习目标

本作业主要练习固定资产折旧函数。通过本作业的学习,读者应掌握以下内容:
固定余额递减法 DB 函数。
年限总和法 SYD 函数。
双倍余额递减法 DDB 函数。

6.1 固定余额递减法 DB 函数

原表资料:

计算折旧值	
资产原值	10000
资产残值	1000
使用寿命(年)	7

计算结果如下:

年	年初余额	折旧	累计折旧	年末余额	1~11月	12月
1	10000	2800	2800	7200	233	237
2	7200	2016	4816	5184	168	168
3	5184	1452	6268	3732	121	121
4	3732	1045	7313	2687	87	88
5	2687	752	8065	1935	63	59
6	1935	542	8607	1393	45	47
7	1393	393	9000	1000	33	30

各单元格公式如下:

年	年初余额	折旧	累计折旧	年末余额
1	=B2	=ROUND(DB($B$2,$B$3,$B$4,A8),0)	=C8	=B8-C8
2	=E8	=ROUND(DB($B$2,$B$3,$B$4,A9),0)	=SUM(C8:C9)	=B9-C9

续表

年	年初余额	折旧	累计折旧	年末余额
3	=E9	=ROUND(DB($B$2,$B$3,$B$4,A10),0)	=C10+D9	=B10-C10
4	=E10	=ROUND(DB($B$2,$B$3,$B$4,A11),0)	=C11+D10	=B11-C11
5	=E11	=ROUND(DB($B$2,$B$3,$B$4,A12),0)	=C12+D11	=B12-C12
6	=E12	=ROUND(DB($B$2,$B$3,$B$4,A13),0)	=C13+D12	=B13-C13
7	=E13	=B2-B3-D13	=C14+D13	=B14-C14

1~11月	12月
=ROUND(C8/12,0)	=C8-G8*11
=ROUND(C9/12,0)	=C9-G9*11
=ROUND(C10/12,0)	=C10-G10*11
=ROUND(C11/12,0)	=C11-G11*11
=ROUND(C12/12,0)	=C12-G12*11
=ROUND(C13/12,0)	=C13-G13*11
=ROUND(C14/12,0)	=C14-G14*11

6.2 年限总和法 SYD 函数

原表资料同固定余额递减法。

计算结果如下:

年	年初余额	折旧	累计折旧	年末余额	1~11月	12月
1	10000	2250	2250	7750	188	182
2	7750	1929	4179	5821	161	158
3	5821	1607	5786	4214	134	133
4	4214	1286	7072	2928	107	109
5	2928	964	8036	1964	80	84
6	1964	643	8679	1321	54	49
7	1321	321	9000	1000	27	24

各单元格公式如下：

年	年初余额	折旧	累计折旧	年末余额
1	=B2	=ROUND(SYD($B$2,$B$3,$B$4,A8),0)	=C8	=B8-C8
2	=E8	=ROUND(SYD($B$2,$B$3,$B$4,A9),0)	=SUM(C8:C9)	=B9-C9
3	=E9	=ROUND(SYD($B$2,$B$3,$B$4,A10),0)	=C10+D9	=B10-C10
4	=E10	=ROUND(SYD($B$2,$B$3,$B$4,A11),0)	=C11+D10	=B11-C11
5	=E11	=ROUND(SYD($B$2,$B$3,$B$4,A12),0)	=C12+D11	=B12-C12
6	=E12	=ROUND(SYD($B$2,$B$3,$B$4,A13),0)	=C13+D12	=B13-C13
7	=E13	=B2-B3-D13	=C14+D13	=B14-C14

1~11月	12月
=ROUND(C8/12,0)	=C8-G8*11
=ROUND(C9/12,0)	=C9-G9*11
=ROUND(C10/12,0)	=C10-G10*11
=ROUND(C11/12,0)	=C11-G11*11
=ROUND(C12/12,0)	=C12-G12*11
=ROUND(C13/12,0)	=C13-G13*11
=ROUND(C14/12,0)	=C14-G14*11

6.3 双倍余额递减法 DDB 函数

原表资料同固定余额递减法。

计算结果如下：

年	年初余额	折旧	累计折旧	年末余额	1~11月	12月
1	10000	2857	2857	7143	238	239
2	7143	2041	4898	5102	170	171
3	5102	1458	6356	3644	122	116
4	3644	1041	7397	2603	87	84

续表

年	年初余额	折旧	累计折旧	年末余额	1～11月	12月
5	2603	744	8141	1859	62	62
6	1859	531	8672	1328	44	47
7	1328	328	9000	1000	27	31

各单元格公式如下：

年	年初余额	折旧	累计折旧	年末余额
1	＝B2	＝ROUND(DDB(＄B＄2,＄B＄3,＄B＄4,A8),0)	＝C8	＝B8－C8
2	＝E8	＝ROUND(DDB(＄B＄2,＄B＄3,＄B＄4,A9),0)	＝SUM(C8：C9)	＝B9－C9
3	＝E9	＝ROUND(DDB(＄B＄2,＄B＄3,＄B＄4,A10),0)	＝C10＋D9	＝B10－C10
4	＝E10	＝ROUND(DDB(＄B＄2,＄B＄3,＄B＄4,A11),0)	＝C11＋D10	＝B11－C11
5	＝E11	＝ROUND(DDB(＄B＄2,＄B＄3,＄B＄4,A12),0)	＝C12＋D11	＝B12－C12
6	＝E12	＝ROUND(DDB(＄B＄2,＄B＄3,＄B＄4,A13),0)	＝C13＋D12	＝B13－C13
7	＝E13	＝B2－B3－D13	＝C14＋D13	＝B14－C14

1～11月	12月
＝ROUND(C8/12,0)	＝C8－G8＊11
＝ROUND(C9/12,0)	＝C9－G9＊11
＝ROUND(C10/12,0)	＝C10－G10＊11
＝ROUND(C11/12,0)	＝C11－G11＊11
＝ROUND(C12/12,0)	＝C12－G12＊11
＝ROUND(C13/12,0)	＝C13－G13＊11
＝ROUND(C14/12,0)	＝C14－G14＊11

练习 7

本练习目标

本作业主要练习贷款函数。通过本作业的学习，读者应掌握以下内容：

按期末付款等额还款。
按期初付款等额还款。
等额还本。

7.1 按期末付款等额还款

原表资料如下：

贷款	－1000000
年利率	10%
月	20

计算结果如下：

月支付

月	还本额	利息	支付额
1	46156	8333	54489
2	46541	7949	54490
3	46929	7561	54490
4	47320	7170	54490
5	47715	6775	54490
6	48112	6378	54490
7	48513	5977	54490
8	48917	5573	54490
9	49325	5165	54490
10	49736	4754	54490
11	50151	4339	54490
12	50568	3922	54490
13	50990	3500	54490
14	51415	3075	54490
15	51843	2647	54490
16	52275	2215	54490

续表

月	还本额	利 息	支付额
17	52711	1779	54490
18	53150	1340	54490
19	53593	897	54490
20	54040	450	54490

季支付

季	还本额	利 息	支付额
1	139710	25000	164710
2	143203	21507	164710
3	146783	17927	164710
4	150452	14258	164710
5	154214	10496	164710
6	158069	6641	164710
7	107569	1751	109320

年支付

年	还本额	利 息	支付额
1	580847	100000	680847
2	419153	27530	446683

各单元格公式如下：

月支付

月	还本额	利 息	支付额
1	=－(SUM(B9：B27)+B3)	=ROUND(IPMT($B$4/12,A8,$B$5,$B$3),0)	=B8+C8
2	=D9－C9	=ROUND(IPMT($B$4/12,A9,$B$5,$B$3),0)	=ROUND(PMT($B$4/12,$B$5,$B$3),0)
3	=D10－C10	=ROUND(IPMT($B$4/12,A10,$B$5,$B$3),0)	=ROUND(PMT($B$4/12,$B$5,$B$3),0)

续表

月	还本额	利 息	支付额
4	=D11－C11	=ROUND(IPMT($B$4/12,A11,$B$5,$B$3),0)	=ROUND(PMT($B$4/12,$B$5,$B$3),0)
5	=D12－C12	=ROUND(IPMT($B$4/12,A12,$B$5,$B$3),0)	=ROUND(PMT($B$4/12,$B$5,$B$3),0)
6	=D13－C13	=ROUND(IPMT($B$4/12,A13,$B$5,$B$3),0)	=ROUND(PMT($B$4/12,$B$5,$B$3),0)
7	=D14－C14	=ROUND(IPMT($B$4/12,A14,$B$5,$B$3),0)	=ROUND(PMT($B$4/12,$B$5,$B$3),0)
8	=D15－C15	=ROUND(IPMT($B$4/12,A15,$B$5,$B$3),0)	=ROUND(PMT($B$4/12,$B$5,$B$3),0)
9	=D16－C16	=ROUND(IPMT($B$4/12,A16,$B$5,$B$3),0)	=ROUND(PMT($B$4/12,$B$5,$B$3),0)
10	=D17－C17	=ROUND(IPMT($B$4/12,A17,$B$5,$B$3),0)	=ROUND(PMT($B$4/12,$B$5,$B$3),0)
11	=D18－C18	=ROUND(IPMT($B$4/12,A18,$B$5,$B$3),0)	=ROUND(PMT($B$4/12,$B$5,$B$3),0)
12	=D19－C19	=ROUND(IPMT($B$4/12,A19,$B$5,$B$3),0)	=ROUND(PMT($B$4/12,$B$5,$B$3),0)
13	=D20－C20	=ROUND(IPMT($B$4/12,A20,$B$5,$B$3),0)	=ROUND(PMT($B$4/12,$B$5,$B$3),0)
14	=D21－C21	=ROUND(IPMT($B$4/12,A21,$B$5,$B$3),0)	=ROUND(PMT($B$4/12,$B$5,$B$3),0)
15	=D22－C22	=ROUND(IPMT($B$4/12,A22,$B$5,$B$3),0)	=ROUND(PMT($B$4/12,$B$5,$B$3),0)
16	=D23－C23	=ROUND(IPMT($B$4/12,A23,$B$5,$B$3),0)	=ROUND(PMT($B$4/12,$B$5,$B$3),0)
17	=D24－C24	=ROUND(IPMT($B$4/12,A24,$B$5,$B$3),0)	=ROUND(PMT($B$4/12,$B$5,$B$3),0)
18	=D25－C25	=ROUND(IPMT($B$4/12,A25,$B$5,$B$3),0)	=ROUND(PMT($B$4/12,$B$5,$B$3),0)
19	=D26－C26	=ROUND(IPMT($B$4/12,A26,$B$5,$B$3),0)	=ROUND(PMT($B$4/12,$B$5,$B$3),0)
20	=D27－C27	=ROUND(IPMT($B$4/12,A27,$B$5,$B$3),0)	=ROUND(PMT($B$4/12,$B$5,$B$3),0)

季支付

季	还本额	利息	支付额
1	＝H13－G13	＝ROUND(IPMT(＄B＄4/4,E13,＄B＄5/3,＄B＄3),0)	＝ROUND(PMT(＄B＄4/4,＄B＄5/3,＄B＄3),0)
2	＝H14－G14	＝ROUND(IPMT(＄B＄4/4,E14,＄B＄5/3,＄B＄3),0)	＝ROUND(PMT(＄B＄4/4,＄B＄5/3,＄B＄3),0)
3	＝H15－G15	＝ROUND(IPMT(＄B＄4/4,E15,＄B＄5/3,＄B＄3),0)	＝ROUND(PMT(＄B＄4/4,＄B＄5/3,＄B＄3),0)
4	＝H16－G16	＝ROUND(IPMT(＄B＄4/4,E16,＄B＄5/3,＄B＄3),0)	＝ROUND(PMT(＄B＄4/4,＄B＄5/3,＄B＄3),0)
5	＝H17－G17	＝ROUND(IPMT(＄B＄4/4,E17,＄B＄5/3,＄B＄3),0)	＝ROUND(PMT(＄B＄4/4,＄B＄5/3,＄B＄3),0)
6	＝H18－G18	＝ROUND(IPMT(＄B＄4/4,E18,＄B＄5/3,＄B＄3),0)	＝ROUND(PMT(＄B＄4/4,＄B＄5/3,＄B＄3),0)
7	＝－(SUM(F13:F18)+B3)	＝ROUND(IPMT(＄B＄4/4＊2/3,E19,＄B＄5/3,＄B＄3),0)	＝SUM(F19:G19)

年支付

年	还本额	利息	支付额
1	＝H8－G8	＝ROUND(IPMT(＄B＄4,E8,＄B＄5/12,＄B＄3),0)	＝ROUND(PMT(＄B＄4,＄B＄5/12,＄B＄3),0)
2	＝－(B3+F8)	＝ROUND(IPMT(＄B＄4＊8/12,E9,＄B＄5/12,＄B＄3),0)	＝F9+G9

注意：按期末付款等额还款的末期利息，在按照季、年计量时，要考虑非整季、整年的情况。

7.2 按期初付款等额还款

原表资料如下：

贷款	－1000000
年利率	10%
月	20

计算结果如下：

月支付

月	还本额	利　息	支付额
1	54040	0	54040
2	46157	7883	54040
3	46542	7498	54040
4	46929	7111	54040
5	47321	6719	54040
6	47715	6325	54040
7	48113	5927	54040
8	48513	5527	54040
9	48918	5122	54040
10	49325	4715	54040
11	49736	4304	54040
12	50151	3889	54040
13	50569	3471	54040
14	50990	3050	54040
15	51415	2625	54040
16	51844	2196	54040
17	52276	1764	54040
18	52711	1329	54040
19	53150	890	54040
20	53585	447	54032

季支付

季	还本额	利　息	支付额
1	160693	0	160693
2	139710	20983	160693
3	143203	17490	160693
4	146783	13910	160693

续表

季	还本额	利 息	支付额
5	150453	10240	160693
6	154214	6479	160693
7	104944	2624	107568

年支付

年	还本额	利 息	支付额
1	618952	0	618952
2	381048	38105	419153

各单元格公式如下:

月支付

月	还本额	利 息	支付额
1	=D6-C6	=ROUND(IPMT($B$2/12,A6,$B$3,$B$1,,1),0)	=ROUND(PMT($B$2/12,$B$3,$B$1,,1),0)
2	=D7-C7	=ROUND(IPMT($B$2/12,A7,$B$3,$B$1,,1),0)	=ROUND(PMT($B$2/12,$B$3,$B$1,,1),0)
3	=D8-C8	=ROUND(IPMT($B$2/12,A8,$B$3,$B$1,,1),0)	=ROUND(PMT($B$2/12,$B$3,$B$1,,1),0)
4	=D9-C9	=ROUND(IPMT($B$2/12,A9,$B$3,$B$1,,1),0)	=ROUND(PMT($B$2/12,$B$3,$B$1,,1),0)
5	=D10-C10	=ROUND(IPMT($B$2/12,A10,$B$3,$B$1,,1),0)	=ROUND(PMT($B$2/12,$B$3,$B$1,,1),0)
6	=D11-C11	=ROUND(IPMT($B$2/12,A11,$B$3,$B$1,,1),0)	=ROUND(PMT($B$2/12,$B$3,$B$1,,1),0)
7	=D12-C12	=ROUND(IPMT($B$2/12,A12,$B$3,$B$1,,1),0)	=ROUND(PMT($B$2/12,$B$3,$B$1,,1),0)
8	=D13-C13	=ROUND(IPMT($B$2/12,A13,$B$3,$B$1,,1),0)	=ROUND(PMT($B$2/12,$B$3,$B$1,,1),0)
9	=D14-C14	=ROUND(IPMT($B$2/12,A14,$B$3,$B$1,,1),0)	=ROUND(PMT($B$2/12,$B$3,$B$1,,1),0)

续表

月	还本额	利息	支付额
10	=D15－C15	=ROUND(IPMT($B$2/12,A15,$B$3,$B$1,,1),0)	=ROUND(PMT($B$2/12,$B$3,$B$1,,1),0)
11	=D16－C16	=ROUND(IPMT($B$2/12,A16,$B$3,$B$1,,1),0)	=ROUND(PMT($B$2/12,$B$3,$B$1,,1),0)
12	=D17－C17	=ROUND(IPMT($B$2/12,A17,$B$3,$B$1,,1),0)	=ROUND(PMT($B$2/12,$B$3,$B$1,,1),0)
13	=D18－C18	=ROUND(IPMT($B$2/12,A18,$B$3,$B$1,,1),0)	=ROUND(PMT($B$2/12,$B$3,$B$1,,1),0)
14	=D19－C19	=ROUND(IPMT($B$2/12,A19,$B$3,$B$1,,1),0)	=ROUND(PMT($B$2/12,$B$3,$B$1,,1),0)
15	=D20－C20	=ROUND(IPMT($B$2/12,A20,$B$3,$B$1,,1),0)	=ROUND(PMT($B$2/12,$B$3,$B$1,,1),0)
16	=D21－C21	=ROUND(IPMT($B$2/12,A21,$B$3,$B$1,,1),0)	=ROUND(PMT($B$2/12,$B$3,$B$1,,1),0)
17	=D22－C22	=ROUND(IPMT($B$2/12,A22,$B$3,$B$1,,1),0)	=ROUND(PMT($B$2/12,$B$3,$B$1,,1),0)
18	=D23－C23	=ROUND(IPMT($B$2/12,A23,$B$3,$B$1,,1),0)	=ROUND(PMT($B$2/12,$B$3,$B$1,,1),0)
19	=D24－C24	=ROUND(IPMT($B$2/12,A24,$B$3,$B$1,,1),0)	=ROUND(PMT($B$2/12,$B$3,$B$1,,1),0)
20	=－(SUM(B6：B24)+B1)	=ROUND(IPMT($B$2/12,A25,$B$3,$B$1,,1),0)	=B25＋C25

季支付

季	还本额	利息	支付额
1	=H11－G11	=ROUND(IPMT($B$2/4,E11,$B$3/3,$B$1,,1),0)	=ROUND(PMT($B$2/4,$B$3/3,$B$1,,1),0)
2	=H12－G12	=ROUND(IPMT($B$2/4,E12,$B$3/3,$B$1,,1),0)	=ROUND(PMT($B$2/4,$B$3/3,$B$1,,1),0)
3	=H13－G13	=ROUND(IPMT($B$2/4,E13,$B$3/3,$B$1,,1),0)	=ROUND(PMT($B$2/4,$B$3/3,$B$1,,1),0)
4	=H14－G14	=ROUND(IPMT($B$2/4,E14,$B$3/3,$B$1,,1),0)	=ROUND(PMT($B$2/4,$B$3/3,$B$1,,1),0)
5	=H15－G15	=ROUND(IPMT($B$2/4,E15,$B$3/3,$B$1,,1),0)	=ROUND(PMT($B$2/4,$B$3/3,$B$1,,1),0)

续表

季	还本额	利息	支付额
6	＝H16－G16	＝ROUND（IPMT（＄B＄2/4,E16,＄B＄3/3,＄B＄1,,1),0)	＝ROUND（PMT（＄B＄2/4,＄B＄3/3,＄B＄1,,1),0)
7	＝－(SUM(F11：F16)+B1)	＝ROUND（IPMT（＄B＄2/4,E17,＄B＄3/3,＄B＄1,,1),0)	＝F17+G17

年支付

年	还本额	利息	支付额
1	＝H6－G6	＝ROUND（IPMT（＄B＄2,E6,＄B＄3/12,＄B＄1,,1),0)	＝ROUND（PMT（＄B＄2,＄B＄3/12,＄B＄1,,1),0)
2	＝－(B1+F6)	＝ROUND（IPMT（＄B＄2,E7,＄B＄3/12,＄B＄1,,1),0)	＝F7+G7

注意：按期初付款等额还款的首期利息为0是最准确的，这正是期初付款的特点与优越性的特殊表现。

7.3 等额还本

原表资料如下：

贷款	－1000000
年利率	10％
月	20

计算结果如下：

月支付

月	还本额	利息	支付额
1	50000	8333	58333
2	50000	7917	57917
3	50000	7500	57500
4	50000	7083	57083
5	50000	6667	56667
6	50000	6250	56250
7	50000	5833	55833

续表

月	还本额	利息	支付额
8	50000	5417	55417
9	50000	5000	55000
10	50000	4583	54583
11	50000	4167	54167
12	50000	3750	53750
13	50000	3333	53333
14	50000	2917	52917
15	50000	2500	52500
16	50000	2083	52083
17	50000	1667	51667
18	50000	1250	51250
19	50000	833	50833
20	50000	417	50417

季支付

季	还本额	利息	支付额
1	150000	25000	175000
2	150000	21250	171250
3	150000	17500	167500
4	150000	13750	163750
5	150000	10000	160000
6	150000	6250	156250
7	100000	2500	102500

年支付

年	还本额	利息	支付额
1	600000	100000	700000
2	400000	40000	440000

各单元格公式如下：

月支付

月	还本额	利 息	支付额
1	=－ROUND(＄B＄3/＄B＄5,0)	=ROUND(ISPMT(＄B＄4/12,A8－1,＄B＄5,＄B＄3),0)	=B8+C8
2	=－ROUND(＄B＄3/＄B＄5,0)	=ROUND(ISPMT(＄B＄4/12,A9－1,＄B＄5,＄B＄3),0)	=B9+C9
3	=－ROUND(＄B＄3/＄B＄5,0)	=ROUND(ISPMT(＄B＄4/12,A10－1,＄B＄5,＄B＄3),0)	=B10+C10
4	=－ROUND(＄B＄3/＄B＄5,0)	=ROUND(ISPMT(＄B＄4/12,A11－1,＄B＄5,＄B＄3),0)	=B11+C11
5	=－ROUND(＄B＄3/＄B＄5,0)	=ROUND(ISPMT(＄B＄4/12,A12－1,＄B＄5,＄B＄3),0)	=B12+C12
6	=－ROUND(＄B＄3/＄B＄5,0)	=ROUND(ISPMT(＄B＄4/12,A13－1,＄B＄5,＄B＄3),0)	=B13+C13
7	=－ROUND(＄B＄3/＄B＄5,0)	=ROUND(ISPMT(＄B＄4/12,A14－1,＄B＄5,＄B＄3),0)	=B14+C14
8	=－ROUND(＄B＄3/＄B＄5,0)	=ROUND(ISPMT(＄B＄4/12,A15－1,＄B＄5,＄B＄3),0)	=B15+C15
9	=－ROUND(＄B＄3/＄B＄5,0)	=ROUND(ISPMT(＄B＄4/12,A16－1,＄B＄5,＄B＄3),0)	=B16+C16
10	=－ROUND(＄B＄3/＄B＄5,0)	=ROUND(ISPMT(＄B＄4/12,A17－1,＄B＄5,＄B＄3),0)	=B17+C17
11	=－ROUND(＄B＄3/＄B＄5,0)	=ROUND(ISPMT(＄B＄4/12,A18－1,＄B＄5,＄B＄3),0)	=B18+C18
12	=－ROUND(＄B＄3/＄B＄5,0)	=ROUND(ISPMT(＄B＄4/12,A19－1,＄B＄5,＄B＄3),0)	=B19+C19
13	=－ROUND(＄B＄3/＄B＄5,0)	=ROUND(ISPMT(＄B＄4/12,A20－1,＄B＄5,＄B＄3),0)	=B20+C20
14	=－ROUND(＄B＄3/＄B＄5,0)	=ROUND(ISPMT(＄B＄4/12,A21－1,＄B＄5,＄B＄3),0)	=B21+C21
15	=－ROUND(＄B＄3/＄B＄5,0)	=ROUND(ISPMT(＄B＄4/12,A22－1,＄B＄5,＄B＄3),0)	=B22+C22
16	=－ROUND(＄B＄3/＄B＄5,0)	=ROUND(ISPMT(＄B＄4/12,A23－1,＄B＄5,＄B＄3),0)	=B23+C23

续表

月	还本额	利 息	支付额
17	=-ROUND（＄B＄3/＄B＄5,0）	=ROUND(ISPMT（＄B＄4/12,A24-1,＄B＄5,＄B＄3),0)	=B24+C24
18	=-ROUND（＄B＄3/＄B＄5,0）	=ROUND(ISPMT（＄B＄4/12,A25-1,＄B＄5,＄B＄3),0)	=B25+C25
19	=-ROUND（＄B＄3/＄B＄5,0）	=ROUND(ISPMT（＄B＄4/12,A26-1,＄B＄5,＄B＄3),0)	=B26+C26
20	=-ROUND（＄B＄3/＄B＄5,0）	=ROUND(ISPMT（＄B＄4/12,A27-1,＄B＄5,＄B＄3),0)	=B27+C27

季支付

季	还本额	利 息	支付额
1	=-ROUND（＄B＄3/＄B＄5*3,0）	=ROUND(ISPMT（＄B＄4/4,E14-1,＄B＄5/3,＄B＄3),0)	=F14+G14
2	=-ROUND（＄B＄3/＄B＄5*3,0）	=ROUND(ISPMT（＄B＄4/4,E15-1,＄B＄5/3,＄B＄3),0)	=F15+G15
3	=-ROUND（＄B＄3/＄B＄5*3,0）	=ROUND(ISPMT（＄B＄4/4,E16-1,＄B＄5/3,＄B＄3),0)	=F16+G16
4	=-ROUND（＄B＄3/＄B＄5*3,0）	=ROUND(ISPMT（＄B＄4/4,E17-1,＄B＄5/3,＄B＄3),0)	=F17+G17
5	=-ROUND（＄B＄3/＄B＄5*3,0）	=ROUND(ISPMT（＄B＄4/4,E18-1,＄B＄5/3,＄B＄3),0)	=F18+G18
6	=-ROUND（＄B＄3/＄B＄5*3,0）	=ROUND(ISPMT（＄B＄4/4,E19-1,＄B＄5/3,＄B＄3),0)	=F19+G19
7	=-(SUM(F14：F19)+B3)	=ROUND(ISPMT（＄B＄4/4,E20-1,＄B＄5/3,＄B＄3),0)	=F20+G20

年支付

年	还本额	利 息	支付额
1	=-ROUND（＄B＄3/＄B＄5*12,0）	=ROUND(ISPMT（＄B＄4,E8-1,＄B＄5/12,＄B＄3),0)	=F8+G8
2	=-(B3+F8)	=ROUND(ISPMT（＄B＄4,E9-1,＄B＄5/12,＄B＄3),0)	=F9+G9

注意：等额还本的利息 ISPMT 中各期时间单位要减 1。

主要参考文献

[1] 崔婕.Excel在会计和财务中的应用.北京:清华大学出版社,2008

[2] 蔡立新.计算机会计理论与实务.北京:中国人民大学出版社,2010

[3] 陈立稳.Excel财务应用.北京:化学工业出版社,2009

[4] 李宗民,李金花.Excel与财务应用.北京:中国电力出版社,2009

[5] 金蝶软件(中国)有限公司(内部发行).金蝶K/3标准财务(上、下),2005

[6] 王凤冰,黄英.Excel 2003财务应用入门与范例解析.北京:机械工业出版社,2005

[7] 吴辉,任晨煜.Excel在财务会计与管理会计中的应用.北京:清华大学出版社,2005

[8] 中国会计学会.会计信息化专题(2004).北京:中国财政经济出版社,2004

[9] 刘仲文,王海林.Excel在财务、会计和审计中的应用.北京:清华大学出版社,2005

[10] 姬昂.Excel财务会计实战应用.北京:清华大学出版社,2009